HolzWerken
Tipps und Tricks für Drechsler

HolzWerken
Tipps und Tricks für Drechsler

Impressum

©2014, 2019 Vincentz Network GmbH & Co. KG, Hannover
„*HolzWerken* – Tipps und Tricks für Drechsler"
1. Auflage 2019

Druck: Gutenberg Beuys Feindruckerei GmbH, Langenhagen

ISBN: 978-3-7486-0244-6
Best.-Nr.: 21254

HolzWerken
Ein Imprint von Vincentz Network GmbH & Co. KG
Plathnerstraße 4c, 30175 Hannover

www.HolzWerken.net

Das Arbeiten mit Holz, Metall und anderen Materialien bringt schon von der Sache her das Risiko von Verletzungen und Schäden mit sich. Autor und Verlag können nicht garantieren, dass die in diesem Buch beschriebenen Arbeitsvorhaben von jedermann sicher auszuführen sind. Vor Inangriffnahme der Projekte hat der Ausführende zu prüfen, ob er die Handhabung der notwendigen Werkzeuge und Maschinen beherrscht. Autor und Verlag übernehmen keine Verantwortung für eventuell entstehende Verletzungen, Schäden oder Verlust, seien sie
direkt oder indirekt durch den Inhalt des Buches oder den Einsatz der darin zur Realisierung der Projekte genannten Werkzeuge entstanden.

Die Vervielfältigung dieses Buches, ganz oder teilweise, ist nach dem Urheberrecht ohne Erlaubnis des Verlages verboten. Das Verbot gilt für jede Form der Vervielfältigung durch Druck, Kopie, Übersetzung, Mikroverfilmung sowie die Einspeicherung und Verarbeitung in elektronischen Systemen etc.

Die Wiedergabe von Gebrauchsnamen, Warenbezeichnungen und Handelsnamen berechtigt nicht zu der Annahme, dass
solche Namen ohne Weiteres von jedermann benutzt werden dürfen. Vielmehr handelt es sich häufig um geschützte,
eingetragene Warenzeichen.

Inhalt

Holz
Auswahl, Vorbereitung, Lagerung,
andere Materialien 7

Werkzeug
Drechselbank, Eigenbauten,
Werkstatt, Schärfen 15

Drechselpraxis 37

Finishing
Schleifen, Ölen, Verzieren,
Ausbessern, Trocknen 73

Index 84

Weitere Materialien kostenlos online verfügbar!
http://www.holzwerken.net/bonus

Ihr exklusiver Bonus an Informationen!
Ergänzend zu diesem Buch bietet Ihnen HolzWerken Bonus-Materialien zum Download an.
Scannen Sie den QR-Code oder geben Sie den Buch Code unter www.holzwerken.net/bonus
ein und erhalten Sie kostenfreien Zugang zu Ihren persönlichen Bonus-Materialien!

Buch-Code: TE1072

Holz

Tipps und Tricks

Schruppröhre für den Fäulnisschutz

Fäulnis und Schimmel sind Probleme, die bei frischem Holz schnell auftauchen. Gerade in der Rinde verbergen sich Keime und Sporen, die die frische Ware schnell angehen. Die Lösung: Schruppen Sie runde Stammabschnitte oder Äste grob vor, bevor sie für Jahre eingelagert werden. Diese Schälmethode eignet sich aber nicht für alle Materialien, vor allem bei Obsthölzern kommt es zu tiefen Rissen. Ahorn, Birke und Erle jedoch taugen dafür gut, vor allem, wenn sie zusätzlich zum Schruppen noch eine Extrabehandlung bekommen: Stechen Sie mit einem Abstechstahl wie im Bild zu sehen etwa zwei Zentimeter vom Ende entfernt zwei Kerben ins Holz. Auch das minimiert oft die Rissbildung.

Die abgeschruppte Rinde bietet keinen Nistplatz für Sporen mehr, die eingestochenen Kerben vermindern die Rissbildung.

Holzwuchs kann für Unwucht sorgen

Wer Tischbeine oder ähnliche Langholzobjekte mit großem Querschnitt drechselt, wundert sich mitunter trotz richtiger Einspannung über eine rätselhafte Unwucht. Womöglich wurde eine zu hohe Drehzahl eingestellt. Es kann aber auch sein, dass sich das Holz bemerkbar macht: Wenn der Rohling schweres Kernholz und leichteres Splintholz gemischt in sich trägt.

Verworrene Begrifflichkeit

Weiches Hartholz, hartes Weichholz. Sie sind wie ein Werkzeug, das seinen Zweck nicht so recht erfüllt: Die aus dem Englischen in die deutsche Sprache eingeführten Begriffe Hartholz und Weichholz. In vielen Bereichen der deutschsprachigen Holzwelt – sogar in Fachbüchern für Tischler – tauchen die Begriffe auf. Doch was verbirgt sich dahinter? Manche Autoren erklären, der Begriff stamme eigentlich aus alten Zolltarifen und beziehe sich auf die Dichte des Holzes: Bis 550 Kilogramm pro Kubikmeter sei es Weichholz, darüber Hartholz.
Vielerorts wird dagegen mit „hardwood" und „softwood" schlicht die in Mitteleuropa gängige Unterscheidung in Laub- und Nadelholz abgebildet. Diese Lesart hat sich allgemein durchgesetzt, auch wenn sie Tücken birgt: Vermeintliche „Weichhölzer", nadlige Vertreter wie Eibe und Douglasie, sind zum Teil deutlich härter als manches „Hartholz". Gleichzeitig sind manche Hölzer wie Birke, Erle, Linde, Pappel, Weide oder Balsa sehr weich. Sie werden (obgleich vom Laubbaum kommend) gemeinhin denn auch nicht als Hartholz bezeichnet.

Es ist nicht bei allen Hölzern so klar: Traubeneiche, Weißbuche oder Robinie (von links) zählen zu den Harthölzern, Zeder, Lärche und Douglasie zu den Weichhölzern.

Schalen drechseln mit wenig Verzug

Vor allem dünnwandige Schalen neigen nach der letzten Spanabnahme zum Verziehen. Daher ist es wichtig, den Rohling genau auszuwählen: Gerade Fasern sind ein großer Garant für wenig Verzug. Insbesondere verdrehte Fasern bringen das Werkstück aus der Form. Große Markstrahlen können das Ergebnis ebenso trüben wie ein Stück Holz mit sehr engen Jahrringen.

Pilz-Zucht im Dienst der Ästhetik

Foto: Georg Panz

Gestocktes aus der Tüte

Stockige Hölzer gehören wegen ihrer außergewöhnlichen Zeichnung zu den begehrtesten Hölzern für so manchen Drechsler. Wegen ihrer gesundheitsgefährdenden Eigenschaften verhält sich der Handel jedoch sehr zurückhaltend und so sind diese Hölzer sehr selten im Handel zu erwerben. Was liegt also näher als sich diese Hölzer selber herzustellen? Und so geht es: Entsprechendes Holz, Buche und Birke eignen sich hervorragend, zurechtschneiden und noch feucht in eine Plastiktüte stecken. Die nötigen Pilzsporen stecken schon von Natur aus im Holz, jetzt entscheidet die Zeit über das Ergebnis. Daher jede Woche kontrollieren, ob der Pilzbefall das gewünschte Ergebnis erreicht hat. Beim Verarbeiten dann natürlich gut darauf achten, dass die Stäube nicht in die Atemwege geraten.

Stockiges Holz „reift" in der Plastiktüte am schnellsten. Mit frischer Buche und Birke lassen sich erstaunliche Effekte erzielen.

So trocknen Rohlinge einfach sanfter

Für Amerika sind sie typisch: Braune Papptüten, die man bei jedem Einkauf bekommt. Amerikanische Drechsler nutzen eben solche Tüten, um darin ihre vorgedrechselten nassen Schalenrohlinge zu trocknen. Die vorgedrehte Schale wird einfach in die Tüte gesteckt und durch das Papier kann die Feuchtigkeit entweichen, ohne dass Gefahr durch Schimmelbildung entsteht.

Glycerin hilft bei der Trocknung

Ein einfaches Mittel, saftfrische vorgedrechselte Schalen rissfrei zu trocknen, ist sie in eine Mischung aus Glycerin und Wasser einzulegen. Auf einen Teil Wasser kommen hierbei vier Teile Glycerin. In dieser Mischung bleiben die nassen, vorgedrechselten Schalen, je nach Größe, zwischen zwei und vier Wochen. Danach werden sie in trockene Späne gepackt und dürfen endgültig durchtrocknen. Durch das in die Holzzellen eingedrungene Glycerin behält das Holz die ungefähre Eigenschaft von frischem Holz und lässt sich wunderbar bearbeiten.

Tipps und Tricks

Alabaster, Speckstein und Serpentin

Keine Hexerei: Stein drechseln

Stein drechseln – geht das überhaupt? Immer wieder, meist im Urlaub in südlichen Ländern, sieht man Gegenstände und Gefäße aus Stein, die allem Anschein nach gedrechselt sind. Dann denken wir oft an aufwändige Spezialmaschinen und Werkzeug. Dabei lassen sich Speckstein, Alabaster und bedingt Serpentin hervorragend mit der Drechselbank und herkömmlichem HSS-Werkzeug bearbeiten. Da Stein aber in aller Regel keine großen Spannkräfte verträgt, kann er nicht mit den herkömmlichen Methoden auf der Drechselbank gespannt werden. Deshalb wird der Stein auf ein Stück Holz (welches ohne Probleme im Futter befestigt werden kann) aufgeklebt und wird so spannungsfrei bearbeitet. Aufgeklebt wird der Stein mit 2-Komponenten-Kunstharzspachtel (Autospachtel), wobei beide zu verklebenden Flächen vorher gut aufgeraut werden sollten. Das Werkstück wird allerdings bei wesentlich geringerer Drehzahl als beim Holzdrechseln bearbeitet. Als Werkzeug kommen HSS-Schaber und beim Serpentin, aufgrund seiner höheren Härte, Hartmetallschneideplatten zum Einsatz. Die Oberfläche kann mit herkömmlichem Schleifpapier wie beim Holz bearbeitet werden, als Oberflächenschutz empfiehlt sich spezielles Steinöl und oder Wachs. Beim Bearbeiten von Stein muss auf jeden Fall Augen- und Mundschutz dabei sein.

Alabaster wird schabend bearbeitet, so dass der Staubanfall immer besonders hoch ist.

Sieht ungewöhnlich aus, aber mit der richtigen Befestigung geht es: Steine wie Alabaster drechseln

Fotos: Martin Adomat

Sicher gespannt bis auf den Knochen

Sonderwerkstoffe wie Corian, Knochen oder Horn kann die Drehbank schwierig fassen. Unkonventionell, aber effektiv und sicher: Ein Stück Holz wird auf der Drehbank befestigt. Daran kleben Sie das Werkstück mit Heißkleber mittig fest. Der Vorteil dieser Methode: Das Werkstück kann durch Wiedererwärmen des Heißklebers fast spurlos wieder vom Holz getrennt werden. Leicht erwärmte Reste des Klebers lassen sich meist gut abrubbeln.

Holz bleibt unter Wasser saftfrisch

Schon nach einem Tag nach dem Fällen können die ersten Trockenrisse im Holz entstehen. Kappen Sie daher fürs „grüne" Drechseln interessanten Teile auf mindestens doppelte Länge des geplanten Werkstücks und lagern Sie sie in einer Wanne, einem Graben oder Gartenteich, völlig mit Wasser bedeckt. So lässt sich Holz nahezu unbegrenzt frisch halten, und Sie können mit der Bearbeitung beginnen, wann es Ihnen passt.

So machen Sie die Problemzone geschmeidig

Äste sind ausrissträchtige Stellen beim Drechseln (oder auch beim Hobeln). Um größere Schäden zu vermeiden, benetzen Sie hartnäckige Stellen mit Wasser, um sie geschmeidiger zu machen. So lassen sich die besonders harten Fasern eines Astes mit einem scharfen Eisen oft sehr glatt abschneiden.

Weise Voraussicht verhindert Enttäuschungen

So ein großer Stamm! Bei Einsteigern ins Drechseln macht eine frische Ernte richtig Appetit auf große Schalen. Allerdings ist dann die Ernüchterung recht groß, wenn doch nur ein Schälchen herauskommt. Das muss nun nicht an der mangelnden Technik liegen, sondern schlicht an der Lage des Werkstücks im Stamm. Und die kann man mit zwei Stiften und einem Maßband sehr gut vorhersagen. Mit dieser Methode lässt sich auch optimieren, was aus dem gegebenen Stück Holz herausgeholt werden kann – tiefe Schale oder doch eher nur ein flacher Teller?

Zeichnen Sie sich zunächst eine Grundlinie auf dem Stamm an, mindestens einen Zentimeter vom Kern entfernt (hier im Bild durch die Breite des Maßbandes gegeben). Die Kernzone trägt fast immer hohe Spannungen in sich und sollte bei Querholzschalen stets wegfallen. Legen Sie dann ein Rechteck auf die Grundlinie, das mit seinen Ecken noch knapp im nutzbaren Holz liegt. Wie schmal oder breit, flach oder hoch das Rechteck wird, liefert die Werkstück-Dimensionen. Eine Mittellinie (hier gestrichelt) deutet die Drehachse an. In diesem Doppel-Rechteck können Sie nun mit einer anderen Farbe bereits spielerisch ausprobieren, wie eine gefällige Kontur aussehen könnte, bevor Sie den Rohling weiter vorbereiten.

Essigwasser gegen Schimmelsporen

Schimmel droht, wenn saftfrische Rohlinge in Kisten oder Spänen langsam bis zur Endbehandlung getrocknet werden! Die Pilzkulturen führen zu in der Regel unerwünschten Flecken. Einen Ausweg schafft hier einfaches Essigwasser – Wasser mit einem ordentlichen Schuss Essig – in das der Schalenrohling direkt nach dem Vordrechseln getaucht wird. Es tötet Sporen ab.

Tipps und Tricks

Mit dem Wurm in die Welle

Ein Häufchen Holzmehl unter einem Loch zeigt an, wo der Holzwurm ausgeflogen ist. Damit alle verbliebenen Käferlarven – denn darum handelt es sich eigentlich – im Holz sicher abgetötet werden, hilft Wärme über 80°. Das schafft bei den meisten Drechselobjekten die Mikrowelle nach einigen Minuten Laufzeit bei mittlerer Wattzahl. Der Clou: Ordentlich trockenes Holz erhitzt sich dabei mäßig, die feuchten Larven aber schnell. Und das überleben sie nicht.

Auch Messing & Co. kann man drechseln

Auf der Holzdrehbank können frei Hand mit herkömmlichen HSS-Werkzeugen auch kleine Metallarbeiten hergestellt werden. Vor allem Messing und Aluminium kommen hier in Frage. Am Beispiel eines Kerzendorns zeigen wir, wie es geht:

Die eingesetzte kleine Röhre wird für diesen speziellen Fall etwas stumpfer geschliffen. Die 60° entsprechen dem Winkel eines Schabers. Die Drehzahl an der Drehbank sollte trotz des geringen Werkstückdurchmessers niedrig (etwa 500 U/min) eingestellt sein.

Ein handelsüblicher Messingrundstab (hier acht Millimeter Durchmesser) kann idealerweise durch die Hohlspindel und durch das Futter (Bild) geschoben werden. Nähern Sie sich dem Metall vorsichtig, bis Sie selbst erfahren, dass sich Messing nicht sehr viel anders verhält als Holz. Nun können Sie gefahrlos „schabend" die Spitze andrehen. Ist die Spitze bearbeitet, wird die Messingstange soweit aus der Spannzange gezogen, dass noch zwei oder drei Rillen eingedreht werden können. Sie dienen der besseren Verankerung im Holz, wenn die Spitzen mit 2-Komponentenkleber im Kerzenständer eingeklebt werden.

Danach kann der Dorn bei Maschinenstillstand mit einer Eisensäge abgetrennt werden und gleich der nächste Dorn in Angriff genommen werden. Nutzen Sie auf keinen Fall herkömmliche Backenfutter aus der Metallbearbeitung. Hier besteht wegen der herausragenden Backen große Unfallgefahr. Tragen Sie wegen der aggressiven Späne eine Schutzbrille und wischen Sie die Späne nicht mit der bloßen Hand vom Bankbett.

Foto: Martin Adomat

Schmückendes Beiwerk

Möchte man seine Werkstücke mit Kleinigkeiten verschönern, lohnt sich der Blick auf Schmuckzubehör. Hier findet man die ausgefallensten Nusssorten, alle Arten von Korallen, Perlmutt, Muschelsorten aller Art und auch Stücke von Bernstein. Viele dieser Materialien lassen sich mit üblichen Drechseleisen behandeln und auch schleifen. Aber auch Speckstein, Alabaster oder Serpentin bringen Abwechslung.

Holz

Risse im Rohling? Dieser Trick verrät es!

Haarfeine Risse im Holz gefährden den Erfolg und die Sicherheit beim Drechseln. Im Verdachtsfall kann man den Rohling einmal mit einer Kante auf den Boden fallen lassen. Dann tut sich der Riss in der Regel auf oder das Stück zerspringt gleich ganz.

Baumkante taugt für flache Teile

Teller und flache Schalen lassen sich sehr gut auch aus Brettern mit Baumkante herstellen. Die Baumkante ist in der Regel rund oder schräg. Bezieht man dies in die Gestaltung der Schale oder des Tellers mit ein, kann man eine Menge Holz sparen. Da diese Seitenbretter bei anderen Holzbearbeitern nicht so beliebt sind, gibt es Holz mit Baumkante außerdem oft sehr günstig zu kaufen.

Sogar trockene Schalen vordrechseln

Selbst aus vermeintlich trockenem Holz gedrechselte Schalen können sich nach einigen Tagen verziehen: Bei Dosen klemmen die Deckel und Teller wackeln auf dem Tisch. Abhilfe erzielt man, indem man auch aus trockenem Holz gedrechselte Gegenstände zunächst in der Wandstärke noch ein bis zwei Millimeter dicker lässt und diese für zwei bis drei Tage in einen trockenen Raum stellt. Nach dieser Entspannungsphase können die Arbeiten wieder aufgespannt und fertig gedrechselt werden. So gefertigte Artikel neigen kaum noch zum Verzug und wir können uns lange an einer optimalen Funktion der Objekte erfreuen.

Gestocktes und morsches Holz festigen

Beim Drechseln von gestocktem (angefaultem) Holz sind Partien oft schon so weich, dass eine saubere Bearbeitung mit dem Drechseleisen nicht mehr möglich ist. Um das Holz an diesen Stellen vernünftig bearbeitbar zu präparieren, gibt es so genannte Holzfestiger, die aber nur bei trockenen Hölzern arbeiten. Für nasse Hölzer eignet sich dünnflüssiges Cyanacrylat, besser bekannt unter dem Namen „Sekundenkleber". Dieser reagiert mit Feuchtigkeit und bindet schnell ab.

Werkzeug

Tipps und Tricks

Nonius-Skalen ablesen

Mehr als nur millimetergenau

Es geht nicht um Millimeter, sondern um Zehntelmillimeter: Handelsübliche Messschieber haben in der Regel eine zweite Skala. Sie erlaubt, ohne dass viele es wissen, meist zehnmal genauere Messungen als die Hauptskala. Das hilft beim Drechseln ebenso wie bei der Arbeit mit Metallteilen.

Der „Nonius", wie die Hilfseinrichtung nach einem frühneuzeitlichen Mathematiker genannt wird, lässt sich ganz leicht ablesen: Für die Bestimmung des Vorkomma-Wertes nehmen Sie wie gewohnt auf der (oberen) Hauptskala den Wert ab, der dem Nullstrich der unteren Skala nach links gesehen am nächsten steht. Auf unserem Bild also 6 Millimeter. Wie groß der verbleibende Abstand zwischen dem 6-mm-Strich auf der Hauptskala und dem Nullstrich der unteren Skala ist, verrät nun letztere. Es gibt auf ihr stets nur einen Strich, der einen der Maßstriche auf der oberen Hauptskala genau

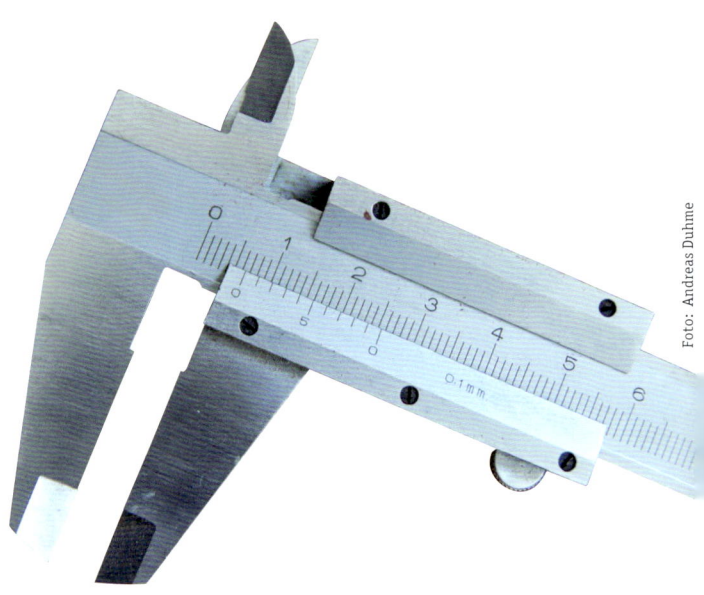

Foto: Andreas Duhme

trifft. In unserem Beispiel ist es der vierte Teilstrich von links auf der (unteren) Nonius-Skala: Deshalb kommen zu den 6 Millimetern noch 0,4 hinzu.

Gute Auswahl bringt bessere Ergebnisse

Um effektiv drechseln zu können, sind zwei bis drei Handauflagen in abgestuften Längen empfehlenswert. Immer gilt: Vor allem bei groben und schweren Arbeiten die Handauflage nach Möglichkeit so an das Werkstück stellen, dass das Werkzeug die Hauptarbeit direkt über dem Handauflagenzapfen erledigt. Das vermeidet Vibrationen.

Schutz für die Bank vor Chemikalien

Vom Friseur in die Werkstatt

Der Einsatz von Chemikalien oder Farben an der Drechselbank hat unweigerlich zur Folge, dass die wertvolle Drehbank sehr schnell sehr dreckig wird. Das Abdecken mit Folien oder Papier war jedoch immer sehr umständlich und führte nicht zum erhofften Erfolg. Den Durchbruch schaffte letztendlich die Anschaffung eines Friseurumhanges. Dieser dünne Nylonumhang kostet nur sehr wenig und kann problemlos um den Spindelstock gezogen werden. Die Halsaussparung umschließt dabei die Spindel. Befestigt wird das Ganze mit den eingenähten Klettbändern. Bankbett und Spindelstock sind nun geschützt. Auch bei Drechslern, die viel mit frischem Holz arbeiten, dürfte dieser Umhang die Angst nehmen, das die Drechselbank mit zuviel Wasser in Berührung kommt.

Damit das Bankbett keine Flecken bekommt, tut ein umgelegter Friseurumhang gute Dienste. Unbedingt darauf achten, dass kein Stoff in den Drehbereich der Bank kommt.

Foto: Georg Panz

Werkzeug

Einstellungen fürs Schleifen

Alle wichtigen Daten immer parat

Der Markt bietet derzeit schon eine relativ breite Palette an Schleifhilfen für Drechselwerkzeuge an. Sie ermöglichen es, das Werkzeug immer genau mit dem gleichen Winkel nachzuschleifen. Eine Schleifhilfe soll also gewährleisten, dass jederzeit der richtige Anschliff an Röhre oder Meißel wiederhergestellt werden kann. Nun muss man sich nur noch die beiden Zahlen merken, die eben für diesen Winkel entscheidend sind: 1. Die Einstellung an der Schleifhilfe und 2. den Abstand von Werkzeugspitze bis zur aufgeschraubten Schleifhilfe. Statt nun diese Zahlen auf irgendwelchen Blättern oder in kleinen Heftchen zu vermerken, ist es das Sicherste sie auf einen Aufkleber zu schreiben und diesen auf die Heftzwinge zu kleben. So entfällt langes Suchen nach den benötigten Zahlen und der richtige Winkel ist für jedes Werkzeug individuell immer zur Hand.

Das lange Suchen bleibt erspart, wenn die Daten fürs Nachschärfen gleich direkt auf dem Stahl angebracht werden.

Reitstock gleitet leicht und einfach

Wenn der Reitstock nur sehr schwer auf dem Bankbett gleitet, sollten Sie allmählich nachhelfen: Teflonspray oder Graphit sind bei diesem Problem gute Helfer; mit ihnen wird das Bett immer mal wieder besprüht oder gepudert.

Fester Halt mit Rezess

Schwalbenschwänze greifen besser

Fast alle auf dem Markt befindlichen Spannfutter können mit Spannbacken ausgerüstet werden, die am Ende mit einem so genannten Schwalbenschwanz versehen sind. Es handelt sich bei dieser Bezeichnung um das obere Ende der Spannbacken, die durch die industrielle Fertigung eine Verdickung nach außen aufweisen. Diese Verdickung sorgt bei richtiger Vorbereitung des Werkstückes für einen besonders guten Halt im Spreizmodus des Spannfutters.

Üblicherweise wird nach Herstellung des Rezesses (des Standrings zum Beispiel einer Schale) am Werkstück ein schräger Einstich vorgenommen. Hier kann das Spannfutter später sicher spreizen. Ohne diesen schrägen Einstich würde das Futter nur an der sehr dünnen Kante der Spannbacken greifen und das Werkstück könnte sich schnell aus dem Futter lösen. Auch wenn es Spezialwerkzeuge gibt, genügt für den Rezess der herkömmliche Drehmeißel, der hierfür flach auf die Werkzeugauflage aufgelegt wird.

Die abgeschrägte Bauart der Schwalbenschwanz-Backen sorgen für den richtigen Grip – sofern der Rezess im gleichen Winkel „hinterdreht" wird.

Tipps und Tricks

Was sind untrügliche Zeichen dafür, dass ich mein Drechseleisen nachschärfen muss?

Wenn man sich ein neues Werkzeug kauft, ist dies selten geschärft. Damit es gut schneidet, muss man es erst einmal schärfen beziehungsweise schleifen. Nach dem Schleifen das Werkzeug unbedingt abziehen! Ich empfehle dazu einen nicht so feinen Abziehstein. Das Werkzeug besitzt dann eine so genannte „Überschärfe", die besonders bei Nadelhölzern wichtig ist.

Bei Nadelholz, besonders bei Fichte, ist schon nach kurzer Drechselzeit ein Ausbrechen der Spätjahre zu bemerken und in den Hirnseiten entstehen beim Drehen kleine Löcher und Druckstellen.

Da man durch verstärktes Drücken einen besseren Schnitt erreichen will, wird das Werkzeug außerdem warm oder heiß. Das ist der Zeitpunkt, an dem man das Werkzeug abziehen muss! Mit einem für Nadelholz stumpfen Werkzeug kann man aber noch gut Harthölzer drehen.

Richtig stumpf ist das Eisen, wenn man nicht mehr sauber ansetzen kann, wenn die Hirnseiten beim Abdrehen rau werden und in den Drehspänen viel Staub enthalten ist. Besonders beim Ansetzen mit dem Meißel verfängt sich die Schneide, es „ruppt" und gibt „Nürnberger". Hier hilft dann kein Abziehen mehr, sondern man muss das Werkzeug nachschärfen. Vorher sollte man aber das Drehteil fast fertig drehen und erst den letzten Schnitt mit dem frisch geschliffenen Drechseleisen ausführen.
Tipp von Heiner Stephani

Heiner Stephani führt in zweiter Generation seine Drechslerei in Olbernhau.

Abstecher in Diamantform

Abstecher zum Drechseln gibt es in verschiedenen Ausführungen und Dicken. Mit einer planen oder quadratischen Kante bauen sie eine enorme Reibungswärme auf, je tiefer man in das Holz einsticht. Mit einem „Diamantformabstecher" passiert das nicht. Dieser zweiballige Abstecher verfügt in der Mitte über eine Verdickung, so dass außer an der Spitze kein Kontakt zum Holz besteht.

Abtastlehre im Einsatz

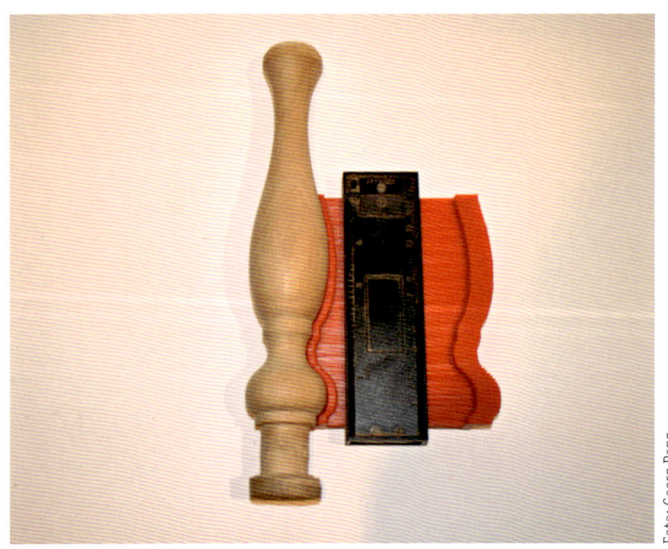

Auf den Spuren der richtigen Form
Um ein vorhandenes Profil nachdrehen zu können, hilft meistens nur ein genaues Nachmessen des Profils. Mit der Abtastlehre können die Abmessungen der Profile auf den Millimeter genau abgenommen werden. Bei der Abtastlehre handelt es sich um ein Werkzeug, das unzählige kleine Zungen aus Stahl oder Kunststoff in einem Halterahmen aufweist. Werden nun diese Zungen gegen ein Profil gedrückt, bildet sich ein spiegelbildliches Abbild an der Abtastlehre. Nun können an der Drechselbank die entsprechenden Profile nachgedreht und mit Hilfe der abgenommenen Profile kontrolliert werden. Abtastlehren können oft beliebig verlängert werden, um auch längere Profile zu übertragen.

Mit Hilfe der Abtastlehre lassen sich Konturen spielend leicht auf weitere Werkstücke übertragen.

Schwierige Werkzeuge schärfen

Diamantfeilen machen's möglich. „Diamonds are a girl's best friend" sang Marilyn Monroe, aber Diamanten lassen auch so manches Drechslerherz höher schlagen. Besonders Ausdrehhaken und Ringeisen sind eher schwierig nachzuschärfen. Hier profitieren Drechsler von der vergleichbar preiswerten Herstellung von Industriediamanten. Konische Diamantrundfeilen aus dem Drechselbedarf kommen in jede Ecke und in jeden Winkel, um dort die nötige Schärfe herzustellen. Natürlich ist die konische Feile nicht neu, wurde sie doch früher aus entsprechendem Stahl gefertigt. Aber da Diamantfeilen auch ohne den Einsatz von Wasser oder Öl arbeiten, ist der Umgang mit diesen Werkzeugen wesentlich praktischer.

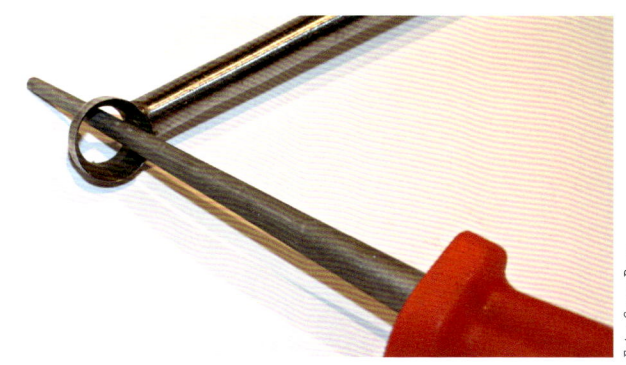

Bei schwer zugänglichen Werkzeugschneiden spart gutes Schärfmaterial wie konische Diamantfeilen Zeit und Nerven.

Schwitzige Hände führen nicht sicher

An warmen Tagen und bei besonders schweren oder kniffligen Arbeiten: Handschweiß entsteht bei allen Arbeiten und kann eine sichere Werkzeugführung verhindern. Besonders Drechsler kennen das.

Begünstigt wird das feuchte Missvergnügen durch die Lackierung vieler Werkzeug-Hefte ab Werk. Da ist Schwitzen programmiert. Es kann also sinnvoll sein, den Lack abzutragen und die Hefte stattdessen zu ölen.

Spannzangensegmente

Für Nacharbeiten und Notfälle: Oft sind sie die letzte Rettung: Spannzangensegmente stellen eine Art „verlängerte" Spannzange dar. Sie können an Stelle der üblichen Zangen auf ein gebräuchliches Spannfutter aufgeschraubt werden. Um zum Beispiel einen Rezess, der die Aufnahme für das Futter darstellt, unter einer fertig gedrehten Schale abdrehen zu können, sind diese Segmente daher von besonderer Bedeutung. An verstellbaren Noppen aus Gummi oder aus Hartneopren können Schalen mit verschiedenen Durchmessern festgehalten und erneut bearbeitet werden. Modernere Spannzangensegmente sind heutzutage mit Maßlinien ausgestattet, die es ermöglichen, den Schalendurchmesser direkt auf den Segmenten abzulesen und die Schale exakt einzuspannen. Bei der abgebildeten Schale waren diese Segmente die einzige Rettung, um den abgebrochenen Fuß zu erneuern.

Lassen sich in viele herkömmliche Spannfutter schrauben: Die Erweiterungssegmente mit ihren schonenden Haltern aus Gummi oder Kunststoff.

Tipps und Tricks

Frei von Macken und Kratzern

Werkzeugauflage: Immer sauber bleiben!

Der Werkzeugauflage der Drechselbank muss man eigentlich keine besondere Aufmerksamkeit widmen. Fällt sie einem jedoch einmal auf den Boden oder wird durch ein schlagendes Werkzeug beschädigt, sollte man sie sich genauer ansehen. Meist handelt es sich um Gussteile und nicht um gehärtetes Material, so dass die Oberfläche leicht Kratzer oder Kerben bekommen kann. Das Ergebnis sind hakende Werkzeuge, die nicht richtig auf der Auflage gleiten können und so feinen Werkzeugeinsatz unmöglich machen. In diesen Fällen hilft nur der beherzte Griff zu Feile und Schleifpapier, um Macken und Kratzer wieder loszuwerden.

Hier ist Vorsicht geboten! Solche Kerben auf der Auflage sind gefährlich: Direkt für die Finger und indirekt durch verhakendes Werkzeug.

Quarz und Kies gegen Schwingungen

Ein schweres Maschinenbett ist gut für einen ruhigen Lauf. Besonders Drechselbänke aus Stahlblech haben hier mitunter Defizite. Mit Quarzsand oder Stahlkies lassen sich das Bankbett und das Untergestell beschweren und machen die Bank so weniger anfällig für Schwingungen. Das Untergestell lässt sich mit Blechen oft recht problemlos verschließen, wogegen das Bankbett oftmals aufgebohrt werden muss.

Rezess anzeichnen

Für Routiniers: Maße schnell übertragen

Um die sichere Aufnahme einer Schale zu gewährleisten, wird oft unten ein Rezess angedreht. Man misst dazu die Aufnahme am Spannfutter und überträgt dieses Maß auf die Schalen. Am einfachsten geht dies mit Hilfe eines Spitzzirkels oder aber einer Schieblehre. Auf der Bank wird nur der vordere Teil der eben beschriebenen Werkzeuge vorsichtig an das rotierende Holz gedrückt! Keinesfalls darf ein Werkzeugteil in den aufsteigenden Teil des drehenden Holzes gelangen. Wenn beide Enden sich am Kreisbogen treffen, ist der richtige Einstich für den Rezess gegeben. Aber Vorsicht: Dieser Arbeitsgang sollte nur mit einer gehörigen Portion Routine so angegangen werden.

Vorsicht ist geboten: Beim Markieren für den Rezess darf die Spitze der Schieblehre auf keinen Fall rechts in den aufsteigenden Teil des Holzes geraten!

Werkzeug

Zwingen für eigene Werkzeug-Hefte

Aus dem Schrott zu neuem Glanz

Drechselwerkzeuge benötigen geeignete Griffe. Was liegt für einen Drechsler näher, als sich diese Werkzeughefte aus Holz selbst zu fertigen. Und zwar nach eigenen Vorstellungen, individuell auf das Eisen abgestimmt. Oft aber scheitert dieses Vorhaben mangels der dazu unausweichlich benötigten Zwingen. Diese Hülsen verhindern das Aufplatzen des Holzgriffes durch die Belastungen, die beim Drechseln auftreten. Solche Metallmanschetten (Zwingen) für Werkzeuggriffe kann man sich leicht und günstig selbst herstellen. Beim Heizungs- oder Wasserinstallateur landen Reststücke von Edelstahlrohren oft in der Alteisenkiste. Rohre mit unterschiedlichen Durchmessern und sogar noch 20 Zentimeter Länge kann man da oft günstig erwerben. Diese Reststücke werden entsprechend abgelängt (geht auch mit der Handsäge für Eisen), entgratet und mit Schleifflies mattiert. So ergeben sie die begehrten, professionellen und edlen Zwingen für Werkzeuggriffe. Damit die Zwinge fest auf den Werkzeuggriff aufgepresst werden kann, drechseln Sie die entsprechende Passung für das Rohrstück mit 0,1 bis 0,2 Millimeter Übermaß zu dem entsprechenden Innendurchmesser des Rohrstückes. Auf diese einfache Art erhalten Sie professionelle Werkzeuggriffe, an denen Sie lange Freude haben werden.

Maschinell oder von Hand lassen sich die Edelstahlrohr-Stücke auf Länge bringen. Als fertige Werkzeug-Zwingen strahlen sie schließlich bei selbst gefertigten Griffen.

Fotos: Martin Adomat

Kleine Schalen halten den Kleinkram!

Magnetschalen, sicher und fest auf den Drechselbank-Stahl geheftet, bieten all dem Platz, was man in unmittelbarer Nähe des Arbeitsplatzes an Kleinteilen braucht: Stifte, Schrauben, Muttern, Maßband und so weiter. Ärgerliche Sucherei nach den Kleinteilen hat so schnell ein Ende. Als Küchenutensilien getarnt kommen sie von Zeit zu Zeit in unterschiedlichen Größen wiederkehrend ins Programm namhafter Discounter. Das Zugreifen lohnt sich dabei.

Mess-Elektronik wird Preisschlager

Die Darr-Methode zur Holzfeuchtebestimmung ist bisweilen etwas umständlich. Da lohnt sich mittlerweile schon ein Blick in die Elektronik-Regale, denn die Preise sind stark gefallen. Holzfeuchtemesser, früher sündhaft teuer, verfügen über zwei spitze Sensoren, die einfach in die Oberfläche des Holzes gesteckt werden und mittels Knopfdruck die Restfeuchte des Holzes bestimmen. Auch einige Drechsel-Händler halten diese Geräte vor.

Tipps und Tricks

Rutschkupplung beim Schalenstechen

Das zwangsgeführte Stechen von Schalenrohlingen spart eine Menge des wertvollen Rohmaterials. Da das Schalenstechen von der Drehbank einiges an Kraft verlangt, muss die Maschine mittels Keilriemen und Riemenscheibe in einen niedrigen Gang gebracht werden.

Beim Stechen kann es dann leicht passieren, dass der Schalenstecher im Holz verkantet und dadurch der Rezess oder der Fuß beschädigt oder sogar abgerissen wird. Die Abhilfe: Die Riemenspannung sehr locker einstellen, so dass er im Notfall durchrutscht und die Spindeldrehung stoppt.

Bei Futterfraß: Hebel statt Hammerschläge

Wem ist das noch nicht passiert?
Das Drechselfutter sitzt fest und lässt sich nicht mehr von der Spindel lösen. Jetzt den Futterschlüssel einstecken und mit dem Hammer versuchen das „festgefressene" Futter zu lösen, wäre das Verkehrteste, was man machen kann. Die Mechanik im Futter ist für eine derartige Belastung nicht ausgelegt und kann Schaden nehmen.

Eine für das Spannzeug schonendere Methode ist, in das Futter eine lange Holzlatte oder auch ein Flacheisen zu spannen. Bei arretierter Spindel lässt sich das Futter dann mit dem entsprechenden Hebel von Hand abdrehen.

Vorsichtige Schläge, am besten mit einem Gummihammer sind möglich, aber auch hier sollte auf grobe Schläge mit einem Stahlhammer so lange wie möglich verzichtet werden. Bleibt das Futter hartnäckig auf dem Gewinde, hilft unter Umständen nur noch ein Erwärmen des Futterflansches im Gewindebereich mit einem Gasbrenner. Ist das Futter gelöst, kann man es vor wiederholtem Festsetzen mit etwas Öl, Fett, oder am besten mit etwas Graphitpulver im Gewindegang schützen.

Auch soll das Futter auf dem Gewinde immer sicher handfest angezogen werden, damit es beim Einschalten der Maschine nicht „festknallt". Ein anfangs zu lockeres Futter ist durch die große Belastung beim Drechseln die häufigste Ursache für ein später sehr festsitzendes Futter. Auch Verunreinigungen können zum Festsetzen des Futters führen.

Der lange Hebel macht's: Mit einem Eisen oder einer Latte lässt sich fast jedes fest sitzende Futter schonend von der Spindel abdrehen

Foto: Martin Adomat

Sauber bohren abseits der Drechselbank

Stifte-Rohlinge („Pen Blanks") können bestens auf der Ständerbohrmaschine mit einem kleinen Maschinenschraubstock durchbohrt werden. Diese Schraubstöcke haben auf ihrer Backeninnenseite meist eine senkrechte V-förmige Nut. Hier wird der noch kantige Rohling exakt senkrecht eingespannt und dann sicher gebohrt. Diese Methode eignet sich natürlich auch bestens, um die Blanks mit bereits eingeklebtem Röhrchen plan zu fräsen.

Werkzeug

Tropfenfänger schützt Wand und Decke

Wer kennt nicht das Bild? Wand und Decke hinter und über der Drehbank sehen nach dem Ölen oder Nassholzdrechseln verheerend aus. Das Holz hat durch die Rotation gespritzt und seine Spuren hinterlassen. Mit geringen Mitteln kann man da Abhilfe schaffen: Aus dem Stativ eines billigen Halogenstrahlers, einem Stück Kunststoff und einem Stück Holz ist in kurzer Zeit ein flexibel einsetzbarer Spritzschutz gebaut. Aus dem Holzklotz sägen Sie einen Bogen aus, dessen Innenradius nur etwas größer sein muss als der größte auf Ihrer Drehbank zu bewältigende Werkstückradius (= Spitzenhöhe).

In diesen Bogen schrauben Sie das Stück Kunststoff – gerne durchsichtig, wenn noch Licht von oben oder der Seite hindurch muss. Über ein passendes Loch unten können Sie den Spritzschutz auf das Stativ stecken und mit dessen Höhenverstellung hinter der Bank ausrichten (zu lange Stativbeine notfalls kürzen).

Zusätzlich kann das Drehbankbett mit etwas Folie abgedeckt werden, um es so vor Korrosion zu schützen.

Der Spritzschutz fängt auch Öl- und Wachsreste, die beim Auftragen auf das drehende Werkstück davonfliegen. Der Holz-Bogen hält die dünne Kunststoffplatte in Form. Vollgekleckerte Wände (kleines Bild) sind deshalb Geschichte.

Selbstgebauter Fallstopp für Drechselwerkzeuge

An der Drehbank benötigtes Drechselwerkzeug hängt oft an der Wand, zum Teil gegenüber, seitlich, oder gar hinter der Drehbank. Nach kurzem Gebrauch wird es meist auf dem Drehbankbett abgelegt, da es für weitere Arbeitsschritte ja noch einmal gebraucht wird.

Schnell ist es geschehen: Die Drehbank vibriert, die liegenden Werkzeuge werden beim Arbeiten angestoßen. Sie fallen „natürlich meist mit der empfindlichen Schneidkante zuerst – auf den Boden. Dabei nimmt oft nicht nur das Werkzeug Schaden: Röhren, Meißel und Co. sind gefährliche Geschosse für die Füße und am Boden eine heimtückische Stolperfalle. Mit wenigen Mitteln können Sie schnell ein Ablagebrett anfertigen, das sehr variabel auf dem Drehbankbett befestigt werden kann.

Durch die gefalzte Leiste kann das Brett auch im bestückten Zustand auf dem Drehbankbett in jede beliebige Position verschoben werden und es kann zudem vor, aber auch hinter der Drehbank positioniert werden.

Zwei Zackenleisten sorgen dafür, dass die Drechseleisen nicht mehr wegrollen und auf den Boden fallen können.

Das Brett sollte außerdem nicht zu groß dimensioniert werden, da es sonst sehr schnell im Weg ist: Der Platz für vier bis sechs Drechseleisen ist vollkommen ausreichend.

Alles an seinem Platz ohne Unfallgefahr: Die selbstgebaute Werkzeugablage

Tipps und Tricks

Pfennigartikel reguliert den Druck

Eine Möglichkeit, das Spalten empfindlicher oder schwach dimensionierter Hölzer beim Einspannen auf der Drechselbank zu verhindern ist die Verwendung einer simplen Unterlegscheibe (auch Beilagscheibe genannt). Über die kugelgelagerte Reitstockspitze gelegt, verhindert dieses Scheibchen das tiefe Eindringen der Spitze in das Holz. Die Spaltwirkung ist dadurch enorm reduziert und es können so auch dünne Nadelhölzer oder auch empfindliche Tropenhölzer sicher gespannt werden. Und das, ohne aufzuspalten.

Bis hierher und nicht weiter: Die Unterlegscheibe verhindert wirksam das zu tiefe Eindringen der Körnerspitze.

Drechselfutter kommen ohne Fett und Öl aus

Drechselfutter und andere bewegliche Zubehörteile für die Drehbank sollten (soweit vom Hersteller nicht anders empfohlen) nicht, oder nur sehr sparsam geölt oder gefettet werden. Da sich Fett und Öl mit dem anfallenden Staub verbinden, werden die Mechanismen zunehmend schwergängiger. Es reicht meist, die Mechanik kräftig mit Pressluft durchzupusten und so gängig zu halten.

Aufhängesystem für Drechselwerkzeug schafft Ordnung

Drechselwerkzeuge werden gerne an der Wand hinter der Drehbank in greifbarer Höhe aufgehängt. Wer sich eine Aufhängevorrichtung selbst anfertigt, muss ein paar Dinge beachten. Da die Werkzeuge unterschiedliche Griffe haben, muss für jedes Werkzeug ein passendes Loch gebohrt werden. Kommen später weitere Werkzeuge dazu, kann dies meist nicht passend dazu oder dazwischen gehängt werden.
Mit einem Leistensystem können jederzeit die Löcher für die Werkzeuge neu geordnet werden, damit diese – in Gruppen sortiert – sauber aufgehängt werden können.
Alles, was Sie dazu benötigen, ist eine Hartholzleiste (40 x 25 Millimeter), die hochkant an die Wand geschraubt wird. Auf dieser Leiste werden dann später die Plättchen (80 x 50 Millimeter) aus einer acht Millimeter starken Sperrholzplatte aufgeschraubt. In diese Plättchen wird je ein Loch zur Befestigung und für das Werkzeug gebohrt. Das Loch für das Werkzeug wird so weit nach vorne gesetzt, dass eine Öffnung entsteht. So können Sie das Werkzeug frontal einstecken. Es empfiehlt sich, gleich mehr Plättchen als zunächst benötigt herzustellen, bei denen dann das Loch für das Werkzeug erst gebohrt wird, wenn es benötigt wird.

Loch an Loch und hält doch: Das Chipsystem für Werkzeuge ermöglicht es, den Werkzeugsatz Stück für Stück zu erweitern. Die Übersicht an der Werkzeugwand bleibt gewahrt.

Werkzeug

Technik vom Fahrrad als digitale Drehzahlanzeige

 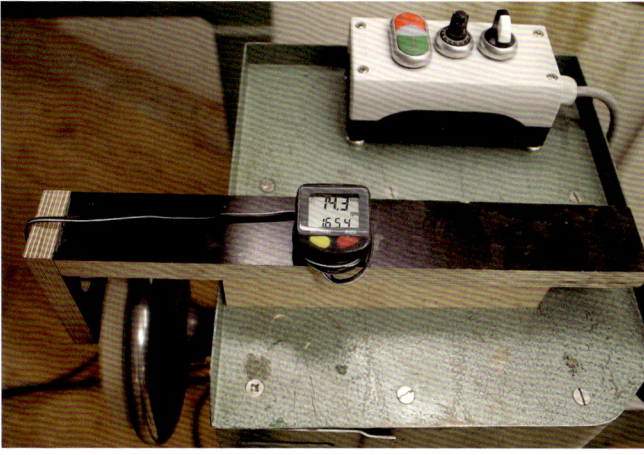

Moderne Drechselbänke haben eine stufenlose Drehzahlregelung, und manche sogar eine digitale Drehzahlanzeige. Allerdings gibt es auch viele stufenlos regelbare Drehbänke ohne Anzeige. Man kann sich leicht aus einem Fahrrad-Computer (mit rpm-Funktion) eine günstige Anzeige fertigen. Dazu wird der Speichen-Magnet des Computersets am Handrad der Drehbank befestigt. Möchten Sie die Anzeige fest einbauen, kommt der Magnet am besten auf die Drehachse unter der Abdeckung. Der Signalempfänger wird mit einem Gestell so vor dem Magneten positioniert, dass er das Signal empfängt. Jetzt kann der Signal-Empfänger mit dem Computer verkabelt und die Drehzahl-Werte können abgelesen werden.

Auch kabellose Funksysteme sind inzwischen erhältlich. Dabei entfällt die lästige Verkabelung. Bei der provisorischen Version empfiehlt es sich, die Werte bei der entsprechenden Riemen- und Regler-Stellung zu notieren.

Eisen schärfen lieber mit Hilfe

Werkzeuge frei Hand richtig zu schleifen, erfordert sehr viel Übung. Beim Drechseln ist es wichtig, dass die Anschliff-Form möglichst unverändert bleibt. Mit modernen Schärfhilfen lassen sich die Werkzeuge in nahezu jede Form und jeden Winkel schleifen. Die Eisen nutzen sich mit vorgefertigten Lehren viel weniger ab als beim Handschliff. Mit nur wenig Übung können auch Einsteiger sie schnell einsetzen.

Praktische Messlehre im Eigenbau

Nur wenige Minuten Zeiteinsatz

Aus dickem Sperrholz (Multiplex) kann man sich mit einfachen Mitteln eine praktische Messlehre selbst herstellen. In ein Reststück Multiplex wird ein Loch gebohrt, das dem zu kontrollierenden Durchmesser entspricht. Dieses Loch wird zum Rand des Holzstückes hin parallel aufgesägt. So erhält man eine einfache, aber effektive Zapfenlehre. Sie kann auch eingesetzt werden, ohne dass das Werkstück ausgespannt werden muss. Am besten gleich ein ganzes Set solcher Messlehren in den am häufigsten bei Ihnen benötigten Größen produzieren. Nur noch beschriften und gut verwahren (zum Beispiel zusammenbinden) – und fertig ist das praktische Maßset.

Passt der Zapfen schon in die Lehre? Wenn nein, gilt es noch ein wenig weiterzudrechseln.

Tipps und Tricks

Preiswert messen

Großes Werkzeug, großer Preis. Dieser Zusammenhang ist umso ärgerlicher, je seltener das Werkzeug im Endeffekt genutzt wird. Umso mehr lohnt es sich, mal über einen Eigenbau nachzudenken. Wenn es beim Drechseln um die Tiefe eines ausgedrehten Gefäßes geht, muss kein teurer Messschieber her. Es genügt eine gerade Holzkantel, die mit einem 10-mm-Loch mittig durchbohrt wird. Durch sie hindurch wird eine Dübelstange gesteckt, die für den leichten Lauf etwas dünner geschliffen ist. Nun die Kantel vor das Gefäß legen, die Stange einschieben bis sie den Gefäßboden trifft und die Position an der Kantel mit zwei Fingern „merken". Ziehen Sie die Stange heraus und messen Sie die Stangenlänge bis zu den Fingern (minus die Kanteldicke).

Beim Messen der Wandstärke kommt man an einem Messtaster aus Stahl kaum herum. Ein großer, alter Messschieber vom Flohmarkt ist hier der Ausgangspunkt. Wer nun über Metalltalent verfügt, sägt sich zwei Bögen aus Nirosta-Stahl zu und schweißt diese an die Spitzen des Messschiebers. Ein wenig korrigierende Schleifarbeit sorgt danach, wenn nötig, dafür, dass sich die gerundeten Bo-

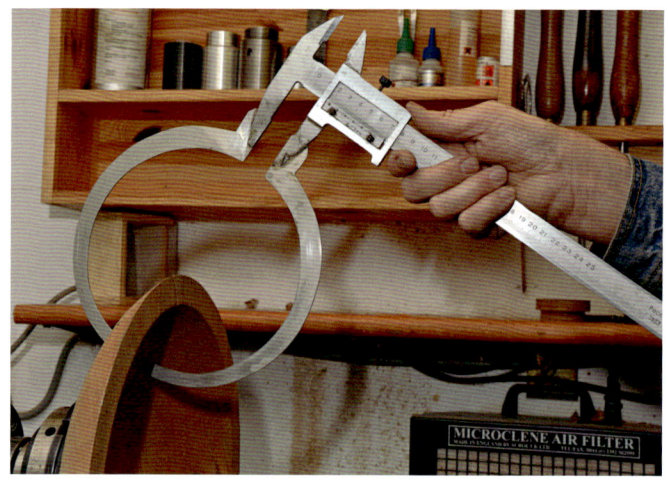

gen-Spitzen auf „Null" treffen. Fertig ist das Spezialwerkzeug Marke Eigenbau.

Cool bleiben beim Schärfen

Werkzeugstähle und auch HSS verlieren sofort an Härte, wenn sie beim Schleifen blau anlaufen. Daher ist es sinnvoll diese Werkzeuge so „kühl" wie möglich zu schleifen, zum Beispiel im Nass-Schliff. Beim Trockenschliff mit Schleifbock oder Bandschleifer sollte als Körnung des Schleifmittels K-80 oder besser K-60 gewählt werden: Dann wird der Stahl auch nicht so schnell heiß.

Wenn die Drechselbank nicht loslässt

Normalerweise ist es kein Problem, Reitstockspitze oder Mitnehmer aus den Konussen der Drechselbank auszuwerfen. Mit der Auswurfstange, durch die Hohlspindel von Reit- oder Spindelstock gestoßen, wird das Werkzeug mühelos aus seinem Sitz gedrückt.

Doch bei manchen Maschinen mit massiver Welle und Pinolenspindel gibt es ein Problem. Hat man nicht vorher daran gedacht, geeignete Schrauben oder Scheiben einzulegen, ist guter Rat teuer.

Doch keine Panik, es gibt Abhilfe: Eine einfache kräftige Unterlegscheibe wird für diesen Spezialeinsatz hergerichtet. Die Scheibe wird zunächst mittig getrennt. Feilen Sie dann bei jeder Hälfte noch an zwei Stellen Material weg, so dass zwei Nasen entstehen (siehe Bild).

Die halbierte Scheibe wird am Konus um die Reitstockspitze gelegt und mit etwas Draht fixiert. Jetzt kann die Pinole mit dem Handrad zurück in den Reitstock gezogen werden. Die geteilte Scheibe stützt sich am Reitstock ab und drückt die Spitze aus dem Konus. So sind bei der Reitstockspitze keine Hämmer, Meißel oder andere Hebelwerkzeuge notwendig. Beim Spindelstock ist es komplizierter, da hier die Welle nicht verschiebbar ist. Dort muss mit Hebel-

werkzeug und den Beilage-Hölzern gearbeitet werden. Doch immerhin ist durch die umgedrahtete Unterlegscheibe die Angriffsfläche viel größer.

Werkzeug

Like a rolling Kegel

Zum Spannen von Werkstücken liegt Drechselbänken stets nur die Minimalausstattung bei: Mitnehmer für den Spindelstock, mitlaufende Körnerspitze für den Reitstock. Für die Spindelstockseite sind Einsteiger schnell mit mindestens einem Futter für Querholzarbeiten ausgerüstet. Auf der Reitstockseite bleibt es jedoch oft für Jahre (oder für immer) bei der einen Spitze des mitlaufenden Körners.

Im Handel gibt es viele Sätze von Druckspitzen für die Reitstockseite. Geformt sind sie zum Beispiel als Konus, als kleine Planscheibe oder als Druckring. Der Kauf kann sich lohnen. Für den Start genügt folgende Lösung, um der Spitze die oft störende Spitze zu nehmen. Sofern es die Form der Körnerspitze zulässt, bekommt sie eine aufgesteckte Tülle aus Massivholz. Bohren Sie ein zylindrisches Stück Hartholz mit dem Durchmesser aus, der der Körnerspitze entspricht. Auf der anderen Seite wird es auf Fingerdicke heruntergedrechselt. Diese kleine Druckfläche kann künftig Werkstücke viel schonender stützen.

Wer einige Metallbau-Kenntnisse hat, der hat noch ganz andere Möglichkeiten: Für die Reitstockseite gibt es im Handel auch MK2-Aufnahmen, die sich mit einem Kugellager bestücken lassen. Aus geeignetem Material (Polyamid ist perfekt) lassen sich dann Druckelemente ganz nach Belieben auf der Drechselbank formen. Hier im Bild ist es zum Beispiel ein Rollkegel, der bei der Produktion von Kerzenleuchtern sehr gute Dienste leistet.

Fotos: Andreas Duhme

Raus mit dem Rost aus der Spannzange

Die Spannzange einer Oberfräse muss auf ihrem ganzen Umfang den Fräserschaft berühren – sonst kann sie ihn unmöglich halten. Vor allem nach langer Lagerung können sich im Inneren aber Rostpickel angesetzt haben. Sie sowie kleinste Macken und Grate können mit einem Dübelstab, feinem 320er Schleifpapier und einigen Schleifhüben beseitigt werden. Reicht das nicht, sollten Sie die Spannzange austauschen „ der Sicherheit zuliebe.

Reibung sorgt für den guten Halt

„Selbsthemmende Haftreibung" nennt man das Prinzip bei den Morse-Kegeln der Drechselbank: Mitnehmer oder Körnerspitze mit ihrem Außenkonus werden in den Innenkonus der Bank gesteckt, und das genügt zur Kraftübertragung. Die Haftung ist nur dann gut, wenn keine Riefen oder Macken das satte Anliegen der Konusflächen verhindern. Solche Schäden entstehen meist durch Verunreinigungen, also wischen Sie beide Konusse stets sauber.

Tipps und Tricks

Drechseln mit der richtigen Drehzahl

Was ist die richtige Drehzahl beim Drechseln? Es ist generell die, bei der das Werkstück ruhig und vibrationsfrei läuft.
Die Drehzahlobergrenze sollte sich bei normalem Material an der idealen Schnittgeschwindigkeit von 10 bis 15 Meter pro Sekunde orientieren. Die Umfangsgeschwindigkeit in Meter pro Sekunde errechnet sich vereinfacht so: Durchmesser (in mm) x Pi (3,14) x Drehzahl (U/min) / 60.000.

Spannzange aus Holz packt sanft und sicher

Spannzangen aus Stahl halten Bohrer und Fräßwerkzeuge sicher und präzise. Eine selbst gefertigte hölzerne Spannzange ist eine ideale Lösung, um Holzzapfen, Griffe oder Knebel beim Drechseln sicher und schonend zu spannen. Nötig zur Herstellung ist ein Spannfutter mit etwas längeren Backen und ein Stück Rundholz, das sich in ihm gut spannen lässt. Spannen Sie das Rundholz ins Futter und durchbohren Sie es mit Reitstock, Bohrfutter und Bohrer im gewünschten Durchmesser. Das so entstandene Holzrohr wird nun an der Bandsäge oder von Hand an einer Stirnseite über Kreuz eingeschnitten.

Die Sägeschnitte reichen dabei höchstens zwei Drittel der Gesamtlänge herab. Nun wird das Holzrohr umgedreht. Es wird, um 45° versetzt, ebenfalls zwei Mal genauso von der anderen Seite eingesägt.
Jetzt kann die Spannzange in das Drechselfutter eingesetzt werden. Mit etwas Spannkraft verringert die Spannzange ihren Durchmesser und somit haben Sie ein wunderbares Spannwerkzeug. Es hält alle Drechselteile sicher, aber vor allem auch schonend beim Drechseln fest.
Und: Die eingesteckten Zapfen müssen nicht auf den Zehntelmillimeter genau gedreht sein, um sicher Halt zu finden.

Fotos: Martin Adomat

Winkel in Millimetern ermitteln

Drechselwerkzeuge müssen scharf und im richtigen Winkel angeschliffen werden. Der richtige Winkel für schneidende Werkzeuge liegt bei 45°. Hat man jetzt keinen Winkelmesser zur Hand, kann man sich auch sehr gut mit einem Meterstab oder einer Schieblehre behelfen. Bei einseitig angeschliffenen Werkzeugen ist die korrekte Länge der Werkzeugfase das 1,4-Fache der Werkzeugstärke. Die ungefähre Ermittlung dieses Maßes genügt hier vollauf.

Werkzeug

Planscheiben ganz ohne Rost

Planscheiben aus Stahl sind beim Drechseln allgegenwärtig. Oft wird so Grünholz in Form gebracht. Doch der Saft im frischen Holz lässt Planscheiben schnell unansehnlich werden. Kritisch wird es, wenn sie sogar im Innengewinde zu rosten beginnen. Eine Alternative für kleinere Projekte sind Planscheiben aus Aluminium, die von Feuchtigkeit nicht angegriffen werden.

Gartenschlauch schützt scharfe Schneiden

Gute Frage: Wie schütze ich den messerscharfen Anschliff meines Eisens vor Beschädigung beim Transport? Eine einfache wie pfiffige Methode ist ein Gartenschlauch. Schneiden Sie von unterschiedlich dicken Schlauchresten Stücke von etwa 5 cm ab und schieben diese über die empfindliche Schneidkante des Werkzeuges: Fertig ist der Schutz!

Drechseln mit dem Bohrfutter: mit Sicherung kein Problem

Bei reinen Bohrarbeiten auf der Drechselbank wird das Futter in die MK2-Aufnahme in Spindel- oder Reitstock eingesetzt und fertig. Eine zusätzliche Sicherung des Futters ist nicht notwendig, da die Belastung auf das Futter axial wirkt – losrütteln ausgeschlossen.
Wird aber mit dem Bohrfutter auf der Spindel eine Polierbürste oder Schleifscheibe betrieben, ist der MK2-Konus einer seitlichen Belastung ausgesetzt und kann sich so lösen. Das kann gefährlich werden! Noch deutlicher wird das Problem, wenn das Bohrfutter als praktisches Mini-Spannfutter für Drechselarbeiten dient.
Deshalb muss bei solchen Arbeiten der das Bohrfutter tragende Konus mittels einer Gewindestange durch die Hohlspindel der Drehbankspindel hindurch gesichert werden. Dazu muss der verwendete MK2-Konus hinten ein so genanntes Anzugsgewinde haben, bei MK2 ist dieses ein M10-Innengewinde. Bei der Produktsuche sind also die drei Eigenschaften „MK2", „Anzugsgewinde" und „B16" wichtig. B16 ist der Aufnahmekonus für die allermeisten gängigen Bohrfutter.
Die Gewindestange wird im Konus eingeschraubt, durch die Hohlspindel geführt und am Handrad mittels einer Sternschraube angezogen. So wird der Konus in die Spindel gedrückt und kann sich durch die am angeschraubten Bohrfutter auftretenden Querkräfte nicht mehr lösen.
Die Gewindestange sollte aus Sicherheitsgründen nicht unnötig lang aus der Spindel herausschauen – also längen Sie diese am besten passend ab und setzen eine Sterngriffschraube auf.
Sollte Ihre Reitstockspindel nicht die nötige Bohrung von mindestens 10,5 Millimetern aufweisen, ist eine Reduzierung des Gewindes von M10 auf M6 durch eine Gewindebuchse möglich.

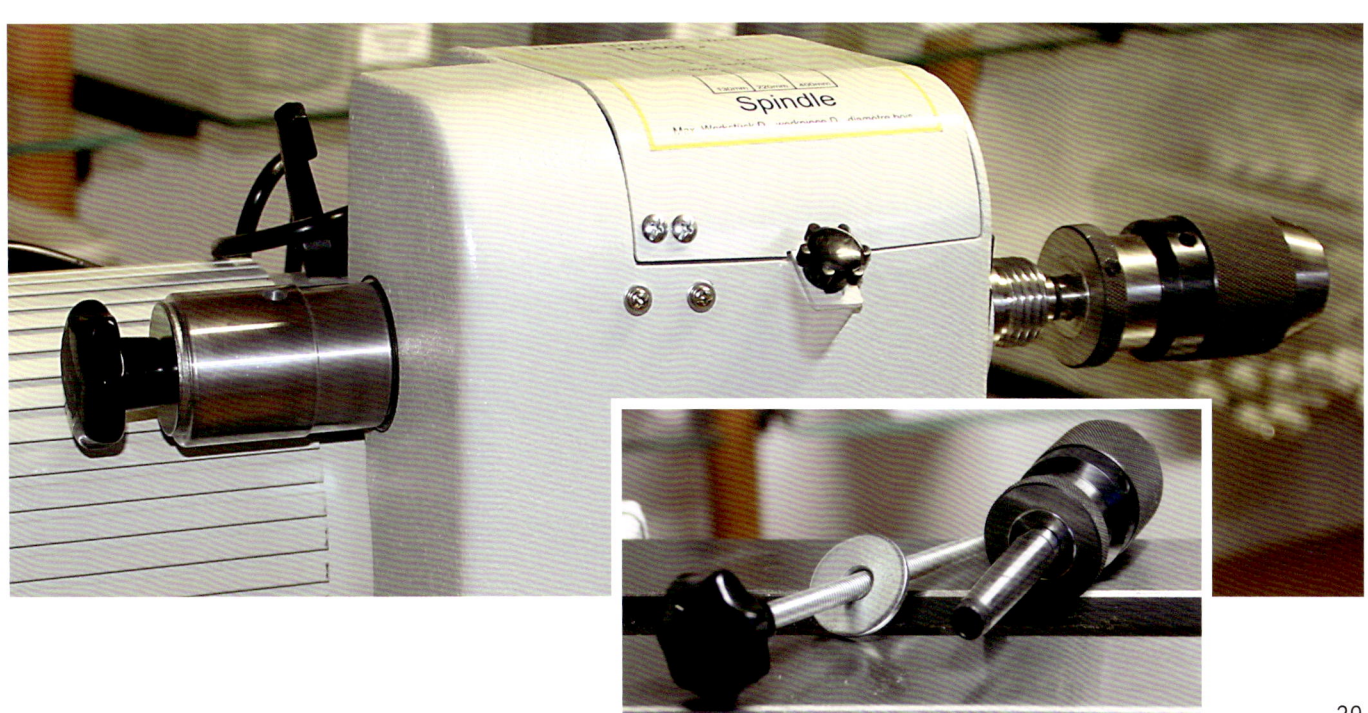

Tipps und Tricks

Vorsicht bei scharfen Macken im Futter!

Es kommt schon mal vor, dass man mit dem Drechseleisen bei laufender Drechselbank ausrutscht und in das Drechselfutter oder den Mitnehmer einhakt. Da der Drechselstahl meist härter als der Mitnehmer oder das Drechselfutter ist, kann dort ein scharfkantiger Grat oder Span entstehen, der bei laufender (aber sogar auch bei stehender) Maschine zu schweren Verletzungen an den Fingern führen kann. Daher nach Berührungen des Drechselstahls mit dem Futter diese sofort anhalten und sorgfältig prüfen. Falls sich ein großer Grat oder ein herausstehender Span gebildet hat, die Gefahrenquellen mittels Feile und Schleifpapier wieder beseitigen.

Frische Gerbsäure bringt schnellen Rost

Zu hohe Luftfeuchtigkeit kann zu Flugrost führen. Doch auch die Gerbsäure aus grünen Hölzern wie Eiche, Robinie und Nussbaum kann Rost hervorrufen, und das schon während (!) des Drechselns. Daher am besten vor dem Start alles einölen und das empfindliche Bankbett, wenn möglich, gleich mit Folie abdecken. Nach Arbeitsschluss alles noch einmal trockenwischen und abermals ölen.

Epoxidharz hält Hefte fest an ihrem Platz

Bei Drechselwerkzeugen mit zylindrischem Schaft wird der Werkzeuggriff am besten aufgeklebt. Dass fünf Zentimeter tiefe Aufnahmeloch wird dafür bis zu einen Millimeter größer als der Werkzeugdurchmesser gebohrt. Den Schaft aufrauen, dann großzügig 2-Komponenten-Epoxidharz angeben und das Werkzeug eindrücken. Der Kleber drückt im Zwischenraum des Bohrlochs nach oben und kann dort entfernt werden.

Tassenstähle optimal nutzen: Mit Farbe

Viele modernere Aushöhlwerkzeuge schneiden mit Tassenstählen. Tassen können dreimal um ein Viertel weitergedreht werden. Ist der nächste Bereich noch scharf? Wenn Sie die Tasse mit einem wasserfesten Faserschreiber rundum markieren, wird die Farbe nur dort abgerieben, wo die Tasse arbeitet. Ist das Werkzeug stumpf, kann der Tassenstahl schnell in den sichtbar scharfen Bereich gedreht werden.

Abgebrochene Schraube schnell entfernen

Ab und an kommt es vor, dass beim Anschrauben der Planscheibe auf hartes Holz die Schraube bricht. Die Schraube zu bergen gelingt mit einem Zapfenschneider. Damit können Sie die abgebrochene Schraube „umbohren". Wichtig dabei ist, dass die Ausrichtung der Schraube im Holz bekannt ist, damit der Zapfenschneider nicht durch die Schraube beschädigt wird. Jetzt können Sie den entstandenen Zapfen mit einem kräftigen Schraubenzieher ausbrechen.

Stumpfer Winkel bei hartem Holz

Edel- oder Tropenhölzer sind oft so hart, dass herkömmlich angeschliffenes HSS-Werkzeug sehr schnell stumpf wird. Auch haben diese Hölzer oft mineralische Inhaltsstoffe, die das Werkzeug an der empfindlichen Schneidkante ausbrechen lassen. In diesem Fall sollte das Werkzeug stumpfwinkliger angeschliffen werden. Unter Umständen muss sogar hartmetallbestücktes Werkzeug ran.

Werkzeug

Parkplatz für den Reitstock

So nützlich und unverzichtbar der Reitstock beim Langholzdrechseln auch sein mag: Beim Fliegend-Drechseln oder Schalendrehen mit langstieligen Werkzeugen muss er vom Bankbett herunter. Er stört oder er kann sogar (für den rechten Ellenbogen) gefährlich werden. Allerdings erweist sich der Reitstock danach beim Abstellen als widerborstiger Geselle: Eine plane Grundfläche fehlt, da sich am Fuß ja die Führungs- und Arretiervorrichtung für das Bankbett befindet. Die „stabile Seitenlage" blockiert unnötig viel Ablagefläche und der Reitstock bietet so nur wenige Auflagepunkte. Damit sind Abdrücke und Kratzer auf dem Untergrund vorprogrammiert. Ein passender Untersetzer ist schnell gebaut und schafft Abhilfe: Auf zwei Holzleisten ruht der Reitstock sicher auf seinen Planflächen, denn Abstandhalter (hier Rundstäbe) sorgen dafür, dass Führungs- und Arretiervorrichtung in dem Zwischenraum Platz finden.

Fotos: Hans-Günter König

Kleine Türpuffer machen teuren Nachkauf unnötig

Die bei einer segmentierten Planscheibe mitgelieferten Zapfen sind für die gerade geplante Arbeit oft zu klein, sie passen nicht, oder sie sind schon abgenutzt und brüchig. Dann wird man sich eine Neuanschaffung dieser Zapfen überlegen. Doch auch ganz einfache Türpuffer sind eine Alternative. Diese haben nahezu schon die ideale Form, mittig ein Loch und sind deshalb wie gemacht für diesen Zweck. Zudem gibt es sie an fast jeder Ecke in vielen Varianten. Tür-Gummipuffer lassen sich auf der Drechselbank mit einer scharfen Röhre sehr schön in Form bringen. Bei den Schrauben ist auf einen ausreichend großen Flachkopf zu achten, damit der Gummipuffer durch das Anziehen der Schraube nicht zu stark auseinandergetrieben wird. Außerdem dürfen die Schrauben nicht länger als unbedingt nötig sein, denn wenn sie auf der Rückseite der segmentierten Planscheibe herausstehen, ist die Verletzungsgefahr erheblich.

Zwischen Türpuffer und Planscheibe sollte noch eine Unterlegscheibe Platz finden, die etwas kleiner als der Türpuffer ist. So entsteht eine kleine Fuge, die den sicheren Halt des Werkstückes gewährleistet.

Tipps und Tricks

Mit dem Streichmaß an der Drechselbank

Mit dem Zirkel, mit dem Zollstock, mit dem Messschieber – es gibt viele Möglichkeiten, die richtigen Maße beim Drechseln aufs Holz zu bringen. Das Streichmaß gehört auch in diese Reihe. Es spielt seine Stärken beim fliegenden Drechseln von kleinen Teilen aus. Weil der Reitstock bei dieser Arbeit nicht im Weg ist, kann die Platte des Streichmaßes hier problemlos angelegt werden. Der auf passende Länge eingestellte Stab überträgt dann das Wunschmaß auf die Flanke der bereits gedrehten Walze. Das klappt gefahrlos auch bei laufender Maschine. Für die Maßgenauigkeit ist es nur wichtig, das Werkzeug achsparallel zu halten.

Bei einem Streichmaß mit Schneidrädchen wie im Bild entsteht ein winziger Schnitt durch die äußersten Fasern – das ist ja genau, was man meist braucht. Wenn nur ein Maß aufs Holz muss, erspart diese Methode den Bau einer Nagelschablone oder das Anreißen

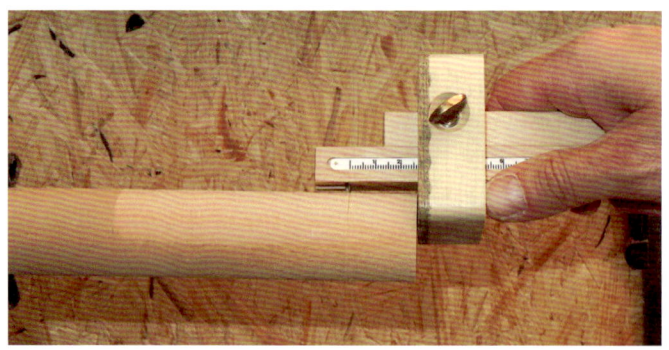

per Bleistift. Das zahlt sich besonders beim Anfertigen vieler gleicher Teile aus.

So werden Drahtbürsten wieder griffig

Scheibendrahtbürsten werden gerne in der Bohrmaschine zum Strukturieren von Holzoberflächen verwendet. Sind die Stahlborsten stumpf, hält man sie rotierend an eine ebenfalls drehende Schleifmaschine. Wichtig: Die Bürste muss entgegengesetzt zu ihrer normalen Arbeitsrichtung laufen. So geschärft, wird die Bürste mitunter griffiger als neu gekauft.

Drechselbank hilft der Oberfräse

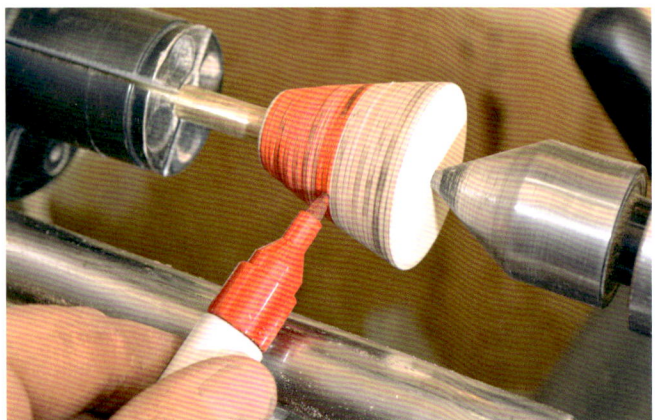

Es ist ein Ärgernis: Kopierhülsen für die Oberfräsen müssen unbedingt absolut zentrisch sitzen. Doch bei einigen Modellen ist das ohne eine Zentrierhilfe nicht möglich, die es nur für happiges Geld im Zubehörkatalog und nicht im Lieferumfang gibt. Wer drechseln kann, ist hier klar im Vorteil! Ausgangspunkt ist ein sauberer Rundstab (Stahl oder Messing) im Durchmesser der jeweiligen Spannzange (meist 8 oder 12 mm). Bohren und kleben Sie den Stab in ein mindestens 30 mm dickes Stück Multiplex, das Sie vorab schon grob rund geschnitten haben. Nutzen Sie auf der Drechselbank ein Bohrfutter als Aufnahme für den Stab, die Reitstockspitze schützt von rechts gegen das Herausrutschen des Bohrfutter-Konus. Formen Sie das Multiplex dann schabend zu einem Kegelstumpf (etwa 10° Neigung), dessen dickes Ende im Durchmesser etwa 3 mm größer ist als die Kopierhülse. Nach kaum mehr als 20 Minuten ist alles fertig.

Stecken Sie nun die Zentrierhilfe in die Spannzange der Oberfräse, der Kegelstumpf rückt die noch lose Kopierhülse an die rechte Stelle. Diese wird dann noch festgeschraubt und sitzt dann perfekt zentrisch!

Stahllineal auf der Drechselbank

Ein Stahllineal kann beim Schleifen von gedrechselten Objekten gute Dienste leisten. Zum Beispiel, wenn beim Drechseln zwischen den Spitzen der Boden einer Dose oder eines Kelchs abgestochen wird. Bevor der letzte Steg durchtrennt ist, legen Sie ein Stück Schleifleinen um das Lineal. Mit dieser dünnen Fläche lässt sich die Standfläche im engen Zwischenraum des Einstichs bei laufender Maschine gut schleifen.
Leichtes Durchbiegen des dünnen Stahlstreifens bringt die Körner auch dann ans Holz, wenn Sie die Standfläche leicht schräg zur Drehachse angelegt haben, um einen Standring außen zu erzeugen. Nutzen Sie für dieses Verfahren ein stabiles, aber biegbares Lineal, bei dem Sie, um die Verletzungsgefahr zu minimieren, die Ecken abrunden.
Nach dem endgültigen Abtrennen muss die Bodenfläche nur noch im innersten Bereich händisch geschliffen werden.

Foto: Andreas Duhme

Aus Backenfutter wird Schraubenfutter

Ein Backenfutter lässt sich mit einer Schlüsselschraube schnell zum Schraubenfutter umbauen. Dazu wird eine Sechskantkopf-Schraube mit Holzgewinde in das Futter gespannt, sodass der Kopf im Futter hinter den Backen sitzt. Der Kopf muss an der Schlüsselschraube belassen werden, da dieser sicherstellt, dass die Schraube nicht aus dem Drechselfutter rutscht. Auflage (Planscheibe) für das Werkstück sind die Futteraufsatzbacken.

Was klappt besser: Klemmen oder Spreizen?

Vierbackige Klemmfutter für die Drechselbank können natürlich auch in umgekehrte Richtung arbeiten und spreizen. Die Drehrichtung des Futterschlüssels entscheidet. Schalenfüße können so von innen spreizend gepackt werden, in einer eigens eingedrehten Vertiefung, Rezess genannt. Diese Aufnahmevariante ist eleganter als ein von außen gepackter Zapfen (Bild), weil sie später unsichtbar bleibt. Bei fragilen Schalen und frischem Holz hat der Zapfen aber einen großen Vorteil: Hier wird das Holz von außen komprimiert und die Stabilität kann kaum nachlassen. Ganz anders im Spreizmodus: Hier findet das Futter Halt, indem es die Fasern des Holzes auseinanderdrückt. Und je dünner die Schale wird, desto weniger hat sie diesem Druck entgegenzusetzen. Setzen Sie im Zweifel also immer auf den Zapfen, der sich zum Schluss (allerdings in einem zusätzlichen Arbeitsgang) noch wegdrechseln lässt. Bei einer spreizenden Aufnahme ist es sinnvoll, den Druck des Futters zu reduzieren. Bei der Feinbearbeitung ist ja auch nicht mehr so viel Grip nötig wie beim Runddrehen zu Beginn.

Tipps und Tricks

Spitzer Winkel an der Formröhre

Beim exzentrischen Drehen entsteht oftmals das Problem, mit einem geeigneten Werkzeug in die tiefen Kehlen des Werkstücks kommen zu müssen.

Hier hat sich ein spitzer Winkel an einer Deutschen Formröhre sehr bewährt. Dieser Fasenwinkel muss zwar bei harten Hölzern schneller nachgeschliffen werden, aber der Vorteil beim Drehen überwiegt.

Schutz gegen Abrutschen

Eine Schraube an der Handauflage verhindert das ärgerliche Abrutschen auf den empfindlichen Naturrand.

Foto: Georg Panz

Leitplanke für die Röhre
Der berühmte „Nürnberger", ein Drechselfehler verursacht durch die unsachgemäße Haltung des Flachmeißels im Langholzdrechseln, ist jedem ein Begriff. Aber auch im Querholz kann einem dieser Patzer begegnen. Bei falscher Haltung der Schalenröhre und vor allem je weiter man sich an die Außenseite der Schale heranarbeitet, besteht die Gefahr: Die Röhre wird mit der Drehrichtung von der Oberseite aus der Schale herausgezogen. Dieses Malheur führt gerade bei einer Naturrandschale meist zum Verlust des gesamten Randes. Abhilfe schafft hier der richtige Umgang mit der Röhre oder aber eine Schraube, die auf der Handauflage befestigt wird. Diese Schraube übernimmt nun die Begrenzung der Röhre. Wenn diese einmal falsch an das Werkstück herangeführt wird, rutscht das Werkzeug höchstens bis an die Schraube, wird von dieser gehalten und der Rand bleibt unbeschädigt.

Drechselfehler vermeiden

Unliebsame Grüße aus Nürnberg
Beim Drechselstart fällt der Umgang mit dem Drehmeißel oft schwer. Nicht nur der berüchtigte „Nürnberger", also das Verhaken der Meißelspitze, sondern auch das unbeabsichtigte Winden des Werkstückes stellt den Neu-Drechsler vor ein Problem. Was ist nun die Ursache? Es liegt nicht am falschen Holz oder an der falschen Drehzahl. Vielfach ist es der zu hohe Druck, der auf das Werkzeug, hier den Meißel, ausgeübt wird. Je dünner das zu bearbeitende Werkstück, desto schneller wird es durch zu hohen Anpressdruck in eine Axialschwingung versetzt. Abhilfe schafft hierbei nur, mit der Meißelschneide zu arbeiten und den Anpressdruck an der Fase zu verringern.

Stehender Bohrer

Löcher aus der hohlen Hand
Beim Bohren kleiner Löcher auf der Drechselbank muss nicht immer umständlich mit einem Bohrfutter hantiert werden. Ein selbst gefertigter, „stehender" Handbohrer tut es auch.
Immer, wenn eine kleine Bohrung (nicht zu tief und maximal fünf Millimeter Durchmesser) benötigt wird, kann er zum Einsatz kommen. Der „Handbohrer" besteht einfach aus einem kleinen, zylindrisch runden Reststück Holz. Es wird in einem Spannfutter aufgenommen, das Zentrum mit dem Meißel leicht vertieft und dann je nach Größe des Bohrers anderthalb bis zwei Zentimeter tief gebohrt. Der verwendete Bohrer (er muss entbehrlich sein) wird danach am stumpfen Ende spitz zugefeilt und in das Griffstück eingeschlagen. Für die bessere Griffigkeit dienen eingeschnitte Kerben längs zur Griffachse.

Werkzeug

Ellbogen vor Körnerspitze schützen

Die mitlaufende Körnerspitze im Reitstock ist unverzichtbar. Fast genauso oft ist sie aber auch im Weg. Immer wenn sie nicht benutzt wird, sollte sie herausgenommen werden, um Verletzungen (vor allem des Ellbogens) zu verhindern. Das ständige Herausnehmen und Einstecken kann aber nerven! Bohren Sie einfach ein zur Körnerspitze passendes Loch in ein rundes Restholz. Bei Bedarf einfach aufstecken, und die fiese Spitze ist entschärft.

Spröder Stahl ist als Drehwerkzeug ungeeignet

Feilen bestehen aus hartem Metall. Das verleitet dazu, sich das eine oder andere Werkzeug daraus zu schleifen. Da dieses Material aber auch extrem spröde ist, kann es bei größerer Belastung zerbrechen, etwa durch Einhängen im Werkstück oder einen Schlag. Abgebrochene scharfkantige Bruchstücke fliegen dann geschossgleich durch die Werkstatt! Deshalb werden Werkzeuge immer aus einem für ihren Zweck bestimmten Stahl (etwa Werkzeugstahl, HSS-Stahl) gefertigt.

Noch ein Talent des Zapfenschneiders

Die Aufgabe eines jeden Drechslers ist es, auch einmal einen oder mehrere Möbelknöpfe anzufertigen. Bei einem Einzelstück wird der einzuleimende Zapfen von Hand gedreht. Bei einer kleinen Serie lohnt sich ein Zapfenschneider. Dieser steckt reitstockseitig in einem Bohrfutter. Jetzt kann am Rohling im Drechselfutter der Zapfen angebohrt werden. So werden alle Rohlinge vorbereitet. Dann heißt es nur noch: Zapfen ins Futter und Knopf drechseln!

Schleifscheibe direkt fürs Spannfutter

Das Futter bleibt drauf: Ohne großes Umbauen auf der Drechselbank schleifen zu können, das wär's.
Und so geht es: Nehmen Sie eine grob gerundete Multiplex-Scheibe im Schraubenfutter auf. Dabei soll die Schraube nur bis zur halben Materialtiefe in die Platte eindringen, nutzen Sie also Zwischenstücke.

Drehen Sie die Scheibe rund und drechseln Sie eine Aufnahme (Rezess) für die gängigen Spannzangen Ihres Futters ein. Nehmen Sie die Platte nun in diesem Rezess auf und überdrechseln Sie die Fläche noch leicht für den perfekten Lauf. Nun folgt Teppichklebeband und das Schleifpapier der Wahl – fertig ist die Schleifscheibe für das Spannfutter.

Fotos: Andreas Duhme

Tipps und Tricks

Meißel schleifen – hohl oder gerade?

Viele Einsteiger fürchten den Meißel. Schnell hakt er in das Werkstück ein. Das liegt oft am Werkzeuganschliff: Wird der Meißel auf der Frontseite eines Schleifsteines hohl geschliffen, schneidet er extrem aggressiv. Schleifen Sie das Werkzeug daher gerade an. Die Fase wird auf der Seite der Schleifscheibe oder auf einer Bandschleifmaschine geschliffen. So erzeugt der Meißel sehr feine Oberflächen.

Lange Eisen aufhängen, wo sonst die Harke hängt

Meist passen die größeren und langen der Drechselwerkzeuge nicht so recht in die Aufbewahrungssysteme der anderen Drechseleisen. Ein Aufbewahrungssystem für Gartenwerkzeuge schafft da sehr preiswert Abhilfe. Eine oder mehrere der Klapphaken-Leisten werden an die Wand geschraubt und nehmen die Werkzeuge genauso auf, wie Sie es mit Harke oder Spaten auch tun.
Um die Sicherheit zu erhöhen, können Sie unter die mit Gummi bezogenen Haken noch eine Leiste an die Wand dübeln und so ein Abrutschen der Werkzeuge verhindern.
Auf jeden Fall sollten die Haken mit einer Zange etwas eingerollt werden (Pfeil), damit die Werkzeuge seitlich nicht herauskippen können.

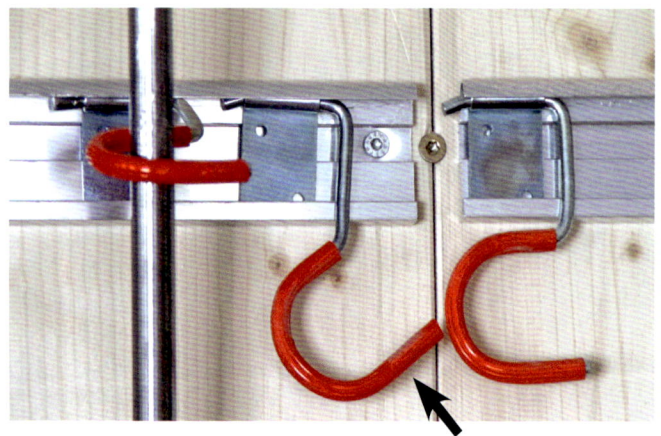

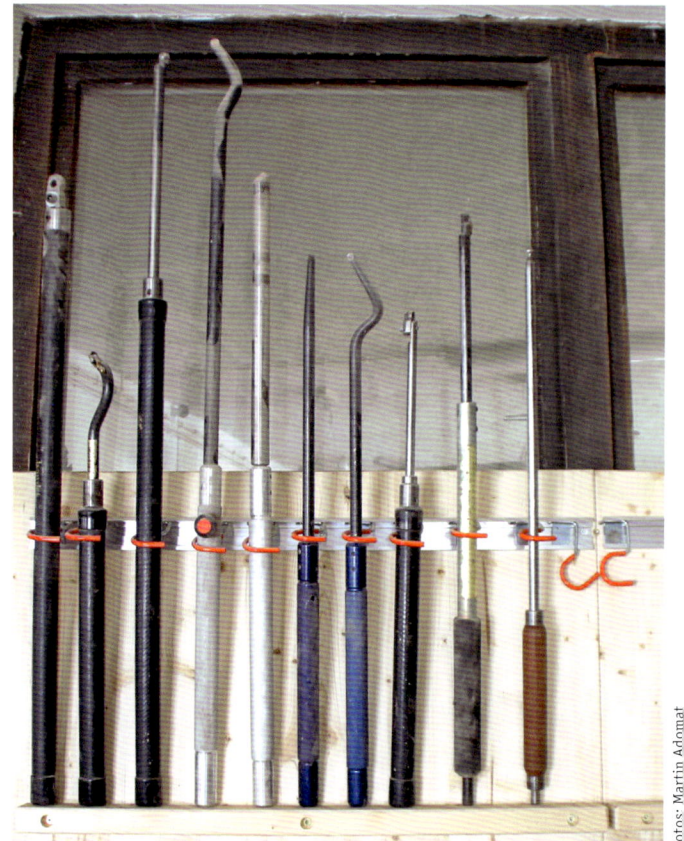

Fotos: Martin Adomat

Innen-Konus: Knifflig sauber zu halten

Reitstock und Spindel der Drechselbank haben meist je einen Morsekonus. Er muss wegen der Passgenauigkeit beidseitig sauber sein, was bei einem Innen-Konus knifflig ist. Mit einem konisch gedrechselten Holzstab, der mit Leder beklebt wird (raue Seite nach außen) kann der Konus in der Spindel und im Reitstock leicht sauber gewischt werden.

Futterwechsel: Mit etwas Pflege kein Problem

Schnell geschieht es, dass sich das Futter auf der Spindel festfrisst. Beim Wechsel kommt dann die Überraschung: Es sitzt zu fest. Ein einfacher Trick: Sind Spindel und Werkzeug sauber und trocken, reiben Sie die Spindel sehr dünn mit Fett ein oder besprühen Sie sie sparsam mit Graphitspray. Die Schraubung gleitet so besser. Ziehen Sie das Futter stets nur per Hand bis zum Anschlag an.

Drechselpraxis

Tipps und Tricks

Trickreiches Eintreiben

Werkzeuggriffe selber zu fertigen ist beliebt bei Drechslern. Die Schwierigkeit beginnt erst beim Einschlagen des Werkzeuges. Dabei gibt es einen Kniff: Der Stahl wird in das vorgebohrte Loch des Griffes gesteckt. Nun einmal kurz das Griffende auf eine hölzerne Unterlage klopfen, damit der Stahl nicht herausfallen kann. Dann wird das Werkzeug horizontal vor dem Körper gehalten und kräftig auf das Griff-Ende geschlagen. So verschwindet der Stahl wie von Geisterhand im Griff.

Kreisellauf verlängern

Manche Kreisel laufen, laufen und laufen. Das klappt dann gut, wenn die Lauffläche des Kreisels aus einem härteren Material gefertigt ist. So kann man in die Kreiselspitze ein kleines Loch bohren, um dort einen Silberdraht einzukleben. Dieser ist so weich, dass er später problemlos abgedreht werden kann. Durch die Metall-Oberfläche entsteht viel weniger Reibung und der Kreisel dreht wesentlich länger.

Zwischen den Spitzen ist nicht spitze

Lange, dünne Teile auf der Drechselbank brauchen zwischen den Spitzen viel Druck, um zu halten. Dumm nur, dass sie sich dann oft biegen wie ein Flitzebogen und kaum mehr zu drechseln sind. Besser klappt das, wenn Sie lange, dünne Teile in ein Spannfutter mit langen Backen einspannen. Nehmen Sie zunächst den Vierkant im Futter auf. Auch bei diesem Verfahren unterstützen Sie das Holz von rechts mit dem Reitstock, aber mit viel weniger Druck. Drehen Sie einige Zentimeter auf der rechten Rohlingseite rund, drehen Sie das Holz und spannen Sie diese zylindrische Partie ins Spannfutter. Damit ist perfekter Rundlauf garantiert, anders als beim Vierkant. Jetzt kann die eigentliche Arbeit beginnen – ganz ohne Flitzebogeneffekt.

Fotos: Andreas Duhme

Umfang exakt und schnell einteilen

Der Umfang eines gedrechselten Gegenstandes soll aufgeteilt werden, um etwa Dübellöcher für einen Tischfuß exakt positionieren zu können. Das geht auch ohne Teileinrichtung, und zwar mit einem Streifen Papier. Der wird um das Objekt gewickelt und an der Stelle, wo er den Anfang des Streifens überlappt, mit einem Bleistiftstrich markiert. Die so entstandene Strecke kann nun beliebig eingeteilt werden. Wieder auf das Werkstück aufgelegt, können die Markierungen übertragen werden.

Drechselpraxis

Schwierige Spann-Situationen

Auftritt für lange Zangen

Das Spannen von Naturrandschalen bereitet so manchem Drechsler schon einmal Kopfzerbrechen. Um die Außenseite fertig stellen zu können, muss das Werkstück sicher im Futter gehalten werden. Lange Spannzangen, Pinfutter oder Schwerlastbohrfutter sollen hier Abhilfe schaffen. Eine preisgünstige Alternative stellen hier die verlängerten Spannzangen dar. Sie ersetzen einfach die Standard-Spannzangen des vorhandenen Spannfutters. Nun wird eine entsprechend große Bohrung im Werkstück vorgenommen, die Spannzangen greifen in das Werkstück und werden fest verriegelt. Fährt man nun noch den Reitstock mit der mitlaufenden Körnerspitze dagegen, hat man den Rohling sicher auf der Drehbank gespannt. Ab jetzt kann mit der Gestaltung der Außenseite begonnen werden. Der Reitstock kann solange am Werkstück verbleiben, bis der Schalenfuß an der Reihe ist. An dieser Stelle der Fertigung existiert keinerlei Unwucht mehr und nach Fertigung eines Rezesses und dem Schleifen ist die Schale von außen fertig.

Tief hinein greifen die langen Spannzangen in diese Vasenrohling und halten das Werkstück auch im unrunden Zustand sicher.

Kopfüber trocknen Schalen schonender

Selbst bei schonender Trocknung kann es passieren, dass frisch gedrechselte Schalen am Rand einreißen, weil der Rand wesentlich schneller abtrocknet als das restliche Gefäß. Dabei entstehen Spannungen, denen das Holz nicht standhält. Die Gefahr verringert sich, wenn Sie das Gefäß zum Trocknen umdrehen. Stellen Sie es mit der Öffnung nach unten in einen zugfreien, dunklen unbeheizten Raum und lassen ihm genügend Zeit zum Trocknen, bevor es in beheizte Räume geht.

Bei besonders fragilen Objekten

Sanfter Halt mit ein wenig Papier

Mit nassem Holz zu arbeiten, ist eine besondere Freude. Das Problem beim Nassholzdrechseln ist aber vielfach die geringe Wanddicke. Sie ist nötig, damit die Wandung nicht durch Risse zerstört wird. Oft ist es möglich, bis zu einem gewissen Grad fliegend zu drechseln, ab einer gewissen Länge werden Werkstücke wie ein fragiler Kelch jedoch zu instabil. Nun ist die Unterstützung durch den Reitstock äußerst wichtig. Mit einem weichen Seidenpapier, das in die Kelchöffnung gedrückt wird, erhält das Werkstück die notwendige Stabilität und kann nun fertig gestellt werden.

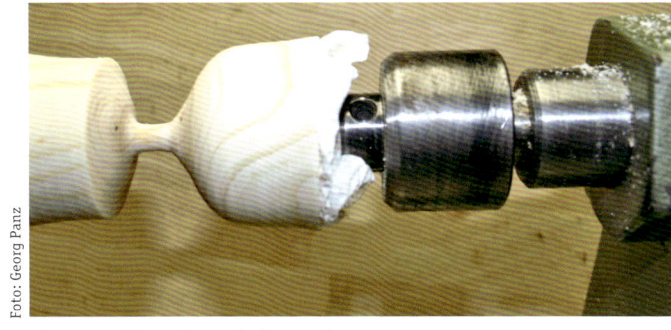

Die notwendige Führung bekommt der Kelch durch einen hineingesteckten Papierballen und den Reitstock.

Tipps und Tricks

Löffelbohrer nutzen

Wenn es richtig in die Tiefe gehen muss

Stehlampen, soweit sie aus einem Stück hergestellt wurden, mussten früher eine komplette Durchbohrung erhalten, um das Stromkabel durchzuführen. Extrem lange Bohrer oder entsprechende Bohrverlängerungen hatte man damals noch nicht. Derartige Duchbohrungen stellte man mit Hilfe des Löffelbohrers her. Dieser Bohrer hat seinen Namen von der löffelartigen Verbreiterung an seiner Spitze. Die Spitze selbst ist ähnlich einer Drehröhre angeschliffen. Mit diesem Bohrer können nun Bohrungen von einer ungeheuren Tiefe hergestellt werden. Kleine Löffelbohrer verfügen schon über eine Länge von 40 Zentimeter. Der Bohrer wird immer nur so weit ins Hirnholz eingeführt, bis der Löffel mit Abraum gefüllt ist. Nach jeder Löffelfüllung wird der Bohrer herausgezogen und entleert. Ein großer Vorteil dieses Bohrgerätes: Weil der Bohrer elastisch ist, sucht er sich immer die Werkstückmitte.

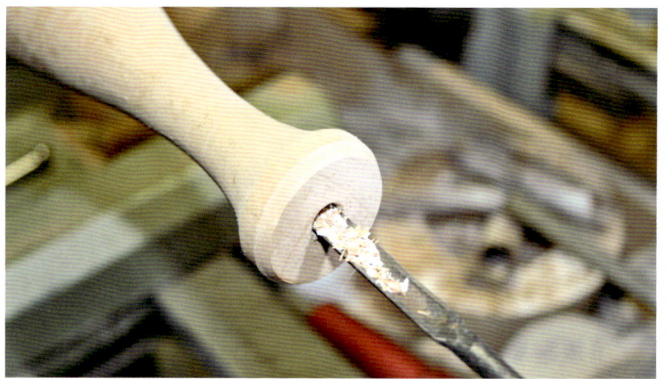

Immer nur wenige Zentimeter vorschieben, dann wieder herausziehen, leeren und von vorne: So funktioniert der Löffelbohrer.

Foto: Georg Panz

Marker für den Haken

Bei Drechseln mit dem Haken geht schnell die Sicht auf die Schneidkante verloren – ein fatales Einhaken droht. Um den Überblick zu behalten, markieren Sie die Werkzeugstange der Länge nach rechtwinklig zur Schnittebene des Hakens. So haben Sie das Werkzeug immer optisch in der richtigen Stellung, auch wenn sich der Schneidkopf im Werkstück versteckt.

Klarer Weg in die Mitte

Mit seinem Mittenfinder aus Plexiglas schafft sich Dieter Volkmer den vollen Durchblick beim Anzeichnen.

Fotos: privat

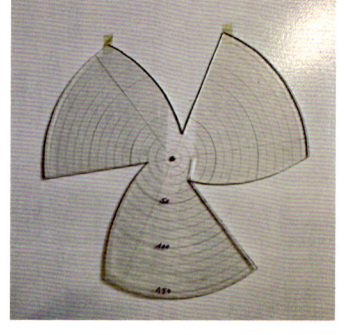

Unser Leser Dieter Volkmer aus Schifferstadt schickt uns folgenden Tipp:

„Eine einfach anzufertigende Schablone hilft dem Drechsler, die Mitte von unregelmäßig gewachsenem Stammholz anzuzeichnen. Die Herstellung der Schablone ist relativ einfach: Auf einer Scheibe aus durchsichtigem Kunststoff, zum Beispiel Plexiglas, körnt man die Mitte an und ritzt mit einem Reißzirkel konzentrische Kreise mit Radien im Abstand von 10 mm ein. Ein doppelt oder tiefer angeritzter Kreis nach 50 mm ist bei der Anwendung hilfreich. Der maximale Radius kann zum Beispiel die Spitzenhöhe der Drechselbank sein. Mit einer Reißnadel werden nun radiale Strahlen im Winkel von jeweils 60° eingeritzt. An jedem 120°-Strahl sägt man nun gerade ein bis zum 30 mm – Kreis und bogenförmig wieder aus bis fast zum nächsten 60°-Strahl. Nun bohrt man noch im Zentrum ein 4 mm-Loch zum Anzeichnen der Mitten. So kann die Mitte eines unrunden Holzes und eine Dreiteilung beziehungsweise nach einer Drehung um 60° eine Sechsteilung angezeichnet werden. Diese Schablone kann man natürlich auch im kleineren Maßstab für Teile unter 60 mm Durchmesser anfertigen."

Drechselpraxis

Kolorieren auf der Drechselbank

Schneller als jede Beize oder Farbe: Färben mit Ebenholz geht zügig, ist sauberer und kann schöne Effekte erzeugen.

Färben mit Ebenholz & Co.

Um an einem Werkstück farbliche Akzente zu setzen, bedarf es nicht unbedingt Farbe oder einer entsprechenden Beize. Auch das Färben mit Holz ist eine gute Alternative. Wie? Eigentlich ganz einfach. Nachdem mit Hilfe des Meißels der zu färbende Bezirk markiert ist, wird unter laufender Drehbank zum Beispiel ein Reststück Ebenholz an die entsprechende Stelle gedrückt und sofort beginnt unter der Reibungshitze die Farbabgabe an das Werkstück. Dieser Vorgang funktioniert auch mit bestimmten Rosenhölzern, die einen intensiven Rot-Ton ergeben oder aber auch mit vielen braunen Hölzern.

Wasser im Holz

Drechseln mit Einsatz

Holz und Wasser vertragen sich einfach nicht. Folglich muss sich der Drechsler, der sich mit Vasen und ähnlichen Behältnissen beschäftigt, etwas einfallen lassen. Geschäfte für Bastelbedarf halten Reagenzgläser in allen Größen und Längen vor. Vor allem die Preise können sich sehen lassen, denn man zahlt dort für diese Gläser nur einen Bruchteil dessen, was in mancher Apotheke dafür verlangt wird. Für den Drechsler bedeutet das, nur noch ein passendes Loch zu bohren, das Reagenzglas möglichst unsichtbar darin zu versenken und fertig ist die Vase für eine einzelne Blume.

Passend eingearbeitet verschwindet das Reagenzglas nahezu unsichtbar in der Blumenvase.

Tipps und Tricks

Gestreckt für besseres Handling

Gutes Design für Werkzeughefte
Selber Werkzeughefte herstellen, das ist für niemanden so leicht wie für Drechsler. Nahezu jedes harte Laubholz ist geeignet. Häufig wird die elastische Esche genommen. Die Formgebung eines guten Hefts für Drechseleisen ist nicht zufällig. Direkt hinter dem Eisenring (der „Zwinge") ist das Heft kräftiger ausgeformt. Das gibt der linken Hand etwas zu halten. Außerdem muss das Material hier dicker sein, da es hier das Bohrloch für das Werkzeug umgibt. Etwa 15 Zentimeter vor dem Ende sollte das Heft schmal werden, um hier auch filigrane Drehungen ausführen zu können. Das Ende ist wieder breiter; für kräftige Arbeiten. Erfahrene Drechsler empfehlen übrigens, eigene Hefte um etwa eine Handlänge länger zu machen als Modelle aus dem Handel: So lassen sich Kraft und Winkelanstellung noch feiner dosieren und die Ergebnisse werden besser. Für einen guten Grip ist eine gute Ölung der Griffe gut. Lack hingegen ist oft zu glatt.

Löcher auf der Drechselbank bohren

Eine feste Verbindung für Stahl und Heft
Beim Aufheften eines Drechselstahles auf den Werkzeuggriff gibt es immer das Problem: Das Loch muss gerade und zentrisch in den Griff gebohrt werden. Hier kann die Drechselbank selbst gute Dienste leisten: Aus dem Reitstock entfernt man die Reitstockspitze. Die runde Öffnung des Morsekonus zentriert nun das Griffende des Holzheftes. Die Pinole des Reitstockes wird gänzlich zurückgekurbelt und der Reitstock in Position geschoben. Auf der Drechselbankspindel wird das Bohrfutter befestigt und der gewünschte Bohrer eingespannt. Mittels des Handrades kann nun der Werkzeuggriff gegen den rotierenden Bohrer geschoben werden und ein genau zur Griffachse ausgerichtetes Bohrloch entsteht.
Auf die gleiche Weise entsteht wenn nötig ein Langloch: Dann wird neben das zentrische noch links und rechts ein weiteres Loch gebohrt. Diese drei Bohrlöcher verbindet man später frei Hand mit der Handbohrmaschine.
Die Bohrlöcher können übrigens mit zweierlei Maß gebohrt werden: Entweder ist das Bohrloch kleiner als die Werkzeugangel, dann wird der Drehstahl auf das Heft aufgeschlagen und hält durch Klemmung im Werkzeuggriff. Oder das Bohrloch wird mit wenig Übermaß gebohrt, der Drehstahl wird mit Epoxydharzkleber eingeklebt

Foto: Martin Adomat

Mit leichtem Vorschub von der Reitstockseite aus wird das Heft auf den rotierenden Bohrer gedrückt.

und hält dadurch fest. Beide Methoden haben sich gut bewährt, wobei die Klebevariante bei starken Werkzeugangeln zu empfehlen ist.

Sicher ist sicher – auch bei Ästen

Werden Schalen und andere gedrechselte Gegenstände aus astigem Holz gefertigt, können sich Äste schnell lockern. Dann werden sie zu gefährlichen Geschossen. Und zusätzlich fehlt das Material dann im fertigen Werkstück. Sichern Sie daher alle lockeren Kandidaten sofort mit Sekundenkleber, dann kann sich kein Ast lösen oder (wenn sie schon ausgefallen sind) verloren gehen.

Ein Magnet als simpler Tiefenstopp

Beim Ausdrehen einer feinen Dose mit dünnem Boden ist die spannende Frage stets: Wann muss ich aufhören? Schnell ist es ansonsten passiert, dass der Boden und damit die ganze Dose zerstört ist. Ein kleiner Trick zeigt ihnen zuverlässig an, wann es Zeit ist, zu stoppen. Klicken Sie einen flachen, starken Neodym-Magnet auf ihren Schaber. Er wird so positioniert, dass er genau den richtigen Abstand zur Werkzeugspitze hat. Berührt er den Dosenrand, haben Sie die gewünschte Tiefe erreicht und stoppen die Bodenbearbeitung.

Drechselpraxis

Schnelle Variante zum klassischen Weißleim

Heißkleber hält Blindholz sicher fest

Oftmals ist es notwendig, auf ein zu drechselndes Stück Querholz ein Blindholz aufzuleimen. Sei es um ein Stück wertvolles Edelholz maximal auszunützen oder um eine sogenannte Hilfskonstruktion zu befestigen.

Dazu kann man auch einen Heißkleber benutzen. Der Vorteil ist ganz klar die Zeitersparnis: Während im konventionellen Fall der Leim noch abbinden muss, ist man mit Heißkleber oft schon mit der Drechselarbeit fertig. Bei kleineren Stücken mit wenig Belastung bei der Bearbeitung reicht schon eine punktuelle Verklebung, während größere Stücke selbstverständlich größere und flächige Verklebung erfordern. Auch sollte bei der Verklebung auf die richtige Temperatur des Schmelzklebers geachtet werden. Bei großen Flächen ist eine leistungsfähige Klebepistole erforderlich, um die ausreichende Menge Schmelzkleber möglichst dünnflüssig und in kurzer Zeit aufzubringen. Sollte das nicht zufriedenstellend gelingen, kann man auch ein Heißluftgebläse verwenden um den erkalteten Kleber wieder flüssig zu schmelzen.

Fotos: Martin Adomat

Schnell sein ist Trumpf beim Befestigen von Blindholz auf einem edlen Rohling. Dennoch lohnt sich diese unkomplizierte Art der Befestigung im Vergleich zum Weißleim.

Bewährte Technik: Einhändig abstützen

Dünne Schalen flatterfrei drechseln

Dünne Schalen neigen beim Drechseln zum Flattern. Je geringer die verbliebene Materialstärke ist, desto mehr tritt dieses für die weitere Arbeit unangenehme Verhalten an den Tag. Ein sauberer Schnitt ist so nicht mehr möglich und die Schaleninnenseite erhält ein hässliches Rattermuster. Doch es gibt Abhilfe, und diese liegt in Ihren eigenen Händen: Stützt man die Schalenrückseite mit der Handfläche ab und drückt das Drechseleisen mit dem Daumen gegen die Schaleninnenwand, so vermindert sich das Flattern sofort. Dabei klemmt sozusagen die Schalenwandung zwischen Hand und Drehstahl. Sie erzielen einen flatterfreien, sauberen Schnitt, der Voraussetzung für eine saubere Drechselarbeit ist. Dann muss auch nur noch sehr wenig geschliffen werden. Diesen Trick sollte nur anwenden, wer schon einige Erfahrung beim Drechseln hat. Achten Sie dabei besonders auf die Schnittgefahr durch die oft scharfe Kante des dünnen Werkstücks!

Fotos: Martin Adomat

Wenn eine dünne Schale durch ungleiche Faserverteilung oder ähnliche Effekte ins Flattern gerät, lässt sie sich durch den gezielten Handeinsatz abstützen und so ratterfrei bearbeiten.

Tipps und Tricks

Innenbearbeitung nach dem Abstechen

Gefangene Ringe innen schleifen

Eine beliebte Verzierung an gedrechselten Langholzarbeiten ist der „gefangene Ring". Er versetzt den Betrachter immer wieder in Erstaunen und lässt ihn rätseln, wie der Ring wohl in die Drechselarbeit gearbeitet wurde. Je sauberer der Ring geschliffen ist, desto professioneller ist die Arbeit ausgeführt – nicht zuletzt weil die Neugierigen dann noch weniger auf den Gedanken kommen, der Ring sei einmal ein Teil des hindurch führenden Stabes gewesen. Die Außenseite des Ringes ist dabei nicht das Problem: Sie kann geschliffen werden, kurz bevor der Reif weggestochen wird. Die Innenseite des Ringes bereitet dagegen große Schwierigkeiten. Abhilfe schafft ein Streifen Schleifleinen: Er wird durch den Ring gefädelt, bei sich drehendem Werkstück vorsichtig auf Spannung gehalten und dabei sachte hin und her gezogen: Das runde Werkstück treibt den gedrechselten Ring an und bringt ihn in Rotation. Das Schleifleinen kann jetzt den Ring von innen sauber schleifen.

Ein Streifen Schleifleinen durch den abgestochenen Ring ziehen und los geht's: So bekommen Sie gefangene Ringe auch innen sauber!

Negativ! Fase stützt lange, dünne Werkstücke

Immer wieder machen lange und dünne Werkstücke auf der Drechselbank Probleme: Eine meterlange Sprosse mit drei Zentimetern Durchmesser zum Beispiel beginnt zwischen den Spitzen unweigerlich in der Mitte zu flattern. Das macht das saubere Drechseln schwer. Wer hat, greift zu einer Lünette. Wie man sich so eine praktische Unterstützung selbst baut, haben wir in HolzWerken Juli/August 2010 gezeigt.

Wer keine Lünette besitzt, kann das Flattern bis zu einem gewissen Grad durch geschicktes Drechseln stoppen. Man könnte sie als „Negativ-Drechseln" bezeichnen. Dabei erfolgt der Werkzeugvorschub quasi rückwärts. Das Werkstück wird normal zwischen die Spitzen gespannt, die optimale Drehzahl gewählt und die Drehbank in Gang gesetzt. „Optimal" heißt hier: Kurz vor dem Aufschwingen. Jetzt wird der Stab zunächst normal mit der Schruppröhre überdreht. Wenn das Flattern bereits jetzt beginnt, starten Sie auch jetzt schon mit Ihrem neuen Trick: Bewegen Sie die Röhre nicht wie üblich in die Richtung, in die die Schneide zeigt, sondern genau umgekehrt. Es ist also kein Vorschub mehr, sondern ein Ziehen der Röhre. Dabei liegt die Fase der Röhre am Holz und läuft vor. Sie stützt jetzt das Werkstück und verringert dessen Aufschwingen. So kann das Werkstück relativ sauber bearbeitet werden. Auch einfa-

Wird die Röhre beim Drechseln langer, dünner Teile gezogen (Pfeil) statt vorgeschoben, hält sie das Holz effektiv vom Vibrieren ab.

che und flache Profile können trotz der Länge und des geringen Durchmessers so geschnitten werden.

Bei intensiveren Profilen, speziell bei Hohlkehlen und Kugeln stößt die Technik allerdings an ihre Grenzen.

Drechselpraxis

Fein anzusehen, schön zu berühren

Werkstücke aus grobfasrigem Holz zu strukturieren ist gerade in Mode. Unter Strukturieren versteht man die Bearbeitung der Holzoberfläche mit geeigneten Werkzeugen und dem Ziel, die weichen Faseranteile des Holzes an der Oberfläche zu entfernen, um dem Werkstück eine interessante, abgenutzte, stark gebrauchte oder verwitterte Optik zu geben. Die gebräuchlichsten Werkzeuge sind dabei die Draht- oder Messingbürsten, die von Hand oder auf der Bohrmaschine eingesetzt werden. Dabei wird die Holzoberfläche allerdings sehr grob aufgerissen und es bleiben abstehende Holzfasern zurück. Leider ist das Werkstück danach nicht mehr angenehm anzufassen und außerdem stören die abstehenden Fasern die gewünschte Optik. Sie sollten deshalb entfernt werden.

Am besten geschieht dies mit einem selbst hergestellten Werkzeug: Dazu benötigen Sie lediglich einen Werkzeughalter, wie er zum Aufnehmen runder Drahtbürsten oder dergleichen dient und Schleifvlies in verschiedenen Körnungen (gibt es als Rolle oder Zuschnitte). Stecken sie mehrere Abschnitte (können ruhig eckig bleiben) über Kreuz auf den Dorn, ziehen Sie die Schraube fest und spannen Sie alles in die Bohrmaschine. Nun wird das sich drehende Vliesbündel bei rotierendem Werkstück, generell im Gegenlauf, aber auch kreuz und quer, eingesetzt. Wiederholen und verfeinern Sie so lange, bis der gewünschte Effekt erzielt ist. Dazu kann an der Bohrmaschine und der gegebenenfalls an der Drehbank mit den Laufrichtungen rechts/links gespielt werden. Das Ergebnis ist ein Handschmeichler, der aber den gewünschten „abgetragenen" Look zeigt.

Einfach hergestellt: Der gezeigte Dorn kann auch durch eine 8-mm-Schraube, zwei Unterlegscheiben und zwei gekonterte Muttern ersetzt werden.

Es muss nicht die exakte Mitte sein

Vor der ersten Bearbeitung von Längsholz auf der Drechselbank muss das Werkstück möglichst mittig zwischen Mitnehmer und mitlaufender Spitze gespannt werden. Um den Mittelpunkt eines vierkantig zugerichteten Rohlings exakt anzureißen, gibt es eine Reihe von Mess- und Anreißwerkzeugen.

Weniger Zeit benötigt, wer all diese Dinge beiseitelegt und mit einer Hand zum Werkstück und mit der anderen zum Bleistift greift. Nehmen Sie den Bleistift zwischen Daumen und Zeigefinger Ihrer Schreibhand. Benutzen Sie die restlichen Finger dieser Hand als Anlage an eine der Flächen des Werkstückes. Ziehen Sie eine Linie ungefähr in der Mitte der Hirnholzfläche. Wiederholen Sie diesen Vorgang an allen Seiten, ohne die Reichweite zu verändern. Wenn Sie jeweils genau die Mitte getroffen haben, entsteht ein Kreuz aus zwei Linien. Wenn nicht, ist durch die vier Linien ein kleines Quadrat entstanden, in dem sich der Mittelpunkt befindet. Auch in diesem Fall können Sie nun das Werkstück mittig aufspannen.

Die Mitte liegt innerhalb des Doppelkreuzes: Dort wird später das Werkstück zwischen die Spitzen gespannt.

Tipps und Tricks

Pirouetten mit der Kratzbürste

Der jüngste Trend bei der Gestaltung gedrechselter Objekte geht zu griffigen, strukturierten Oberflächen. Mit der auf einer Bohrmaschine rotierenden Drahtbürste erzielt man mit etwas Übung zum Teil verblüffende Ergebnisse. Allerdings ist es dabei wichtig, dass die Drahtbürste den richtigen Biss hat. Wenn die Holzfasern des Werkstückes bei der Bearbeitung einfach nur niedergedrückt werden, besteht die Gefahr, dass sie nach der Oberflächenveredlung mit Ölen, Wachsen oder Lacken sich wieder aufrichten und die Oberfläche des Objektes wieder sehr rau und faserig wird.

Die Drahtbürste kann sich jeder leicht selbst schärfen, indem er sie, in der Bohrmaschine eingespannt, rotierend an seinen Schleifbock oder seine Schleifmaschine hält. Der Schleifvorgang sollte natürlich gegenläufig sein: Bürste und Schleifstein laufen in unterschiedlicher Richtung.

Um eine optimale Oberflächenstruktur zu erreichen, ist es ein großer Vorteil, wenn sich die Drehrichtungen der Bohrmaschine und der Drehbank ändern lassen. Dann kann nämlich auch das Werkstück in unterschiedlichen Richtungen bearbeitet werden und die Holzfaser wird zuverlässig abgeschnitten, was der Oberflächengüte des Objektes zugutekommt. Bei Änderung der Drehrichtung an der Drehbank auf jeden Fall eine Ablaufsicherung für das Drechselfutter verwenden.

Eine nicht mehr scharfe Drahtbürste kann mittels Gegenrotation am Schleifbock wieder zum Kratzen gebracht werden.

Schaffell macht die Dose rein

Je tiefer die gedrechselte Dose wird, desto schwieriger sind Späne und Staub herauszubekommen. Ein Sauger ist laut, unhandlich und passt oft nicht; Druckluft wirbelt viel zu viel Feinstaub auf. Probieren Sie es mal mit einem handtellergroßen Stück Schaffell. Es wird in die Dose gedrückt und diese von Hand etwas gedreht. Beim Herausziehen nimmt das Fell dann den Großteil der Späne mit nach draußen. Danach kann man es einfach ausschütteln oder besser: absaugen.

Rohlinge gefahrlos rund schneiden

Aus dem Stamm auf die Drechselbank

Runde Schalenrohlinge werden gerne aus gespaltenen Stammabschnitten an der Bandsäge zugeschnitten. Allerdings ist es uns nur auf der planen Seite des Klotzes möglich, mit dem Zirkel den Rohling exakt rund anzuzeichnen. Das aber würde bedeuten, wir müssten den halbrunden Holzklotz mit der gewölbten Seite nach unten auf dem Bandsägetisch auflegen, um entlang des aufgezeichneten Kreises den Klotz rund sägen zu können. Da dieser aber mit der runden Seite nach unten wild kippelt und auf dem Tisch sehr instabil aufliegt, ist ein gefährliches Verkanten des Sägeblattes unvermeidbar. Die Verletzungsgefahr ist sehr groß und auch das Sägeblatt ist in aller Regel zerstört. Abhilfe schafft eine aus starkem Karton oder Sperrholz gefertigte Scheibe im gewünschten Durchmesser, welche mit einem Nagel oder Spitzbohrer auf der Außenseite des Stammstückes befestigt wird. Jetzt kann die Stammhälfte sicher mit der ebenen Seite auf dem Bandsägetisch aufgelegt und entlang der Schablone sauber und rund gesägt werden.

Mit einem Satz Schablonenscheiben in den gängigsten Durchmessern und einem Nagel lassen sich Rohlinge sehr einfach und sicher auf der Bandsäge schneiden.

Drechselpraxis

Sicherer Werkstück-Halt: Der Rezess-Winkel entscheidet

Die modernen Drechselspannfutter ermöglichen ein sicheres Spannen in vielen Situationen. Sie verlangen aber ein präzises Arbeiten am Werkstück, damit die Spannkraft optimal übertragen wird. Wird zum Beispiel der Durchmesser an der Außenpassung des Werkstückes zu groß gewählt, entstehen am Werkstück kräftige Eindrücke von den Aufsatzbacken des Drechselfutters, deren Innendurchmesser kleiner ist. Wird der Durchmesser der Außenpassung zu gering gewählt, kann das Futter unter Umständen nicht mehr so weit geschlossen werden. Ein weiterer wichtiger Punkt ist die Schräge der Passung, die an das Werkstück angebracht wird: Ist der Winkel des Rezesses zu flach, wird das Werkstück lediglich mit den Spitzen der Futterbacken gehalten. Ein optimaler Halt des Werkstückes ist dadurch unmöglich (kleines Bild 1).

Sind die Flanken der Passung zu schräg ausgeführt, drücken die Backen des Drechselfutters auf den empfindlichen spitzen Rand der Passung. Bedingt durch den unterschiedlichen Widerstand, den Hirn- und Langholz bieten, wird das Werkstück nicht mehr exakt zentrisch gespannt. Eine weitere saubere Bearbeitung des Werkstückes ist dadurch unmöglich (kleines Bild 2).

Lediglich wenn der Durchmesser, die Höhe, sowie der Winkel der Passung exakt mit dem des Drechselfutters übereinstimmen, ist eine weitere sichere und saubere Bearbeitung des Werkstückes möglich (großes Bild). Es lohnt sich sehr, darauf zu achten.

Eine sichere Sache: Das Futter für Teelichthalter

Mit diesem Schraubenfutter gelingen auch runde Teelichthalter auf der Drechselbank mühelos.

Nicht nur in der Adventszeit sind Teelichthalter sehr beliebt. Als Drechsler kann man diese auf der Drehbank leicht herstellen. Gerne werden sie wegen ihres schönen Designs kugel- oder halbkugelförmig gedrechselt. Dazu muss aber der Holzrohling fliegend gedrechselt werden. Um diesen sicher aufzuspannen, kann man sich mit einfachen Mitteln ein Kerzenfutter selbst bauen. Dazu spannen Sie einen Hartholzrundstab in das Drechselfutter und drehen diesen im vorderen Bereich auf das Bohrlochmaß für das Teelicht oder Teelichtglas ab. Zentrisch bohren Sie dann ein Loch für die Schraube in die Stirnseite des Rundstabes. Dort wird der abgesägte Gewindegang einer Holzschraube rückwärts eingeschraubt, so dass die Spitze nur noch etwa einen bis anderthalb Zentimeter aus dem Rundstab herausschaut. Das Rohmaterial für den Kerzenhalter wird jetzt mit dem passenden Loch für das Teelicht oder -Glas in der gewünschten Tiefe gebohrt. Da das Material noch kantig ist, können Sie es an der Ständerbohrmaschine im Maschinenschraubstock sicher bohren. Erst jetzt wird der Rohling an der Bandsäge rund geschnitten. Schrauben Sie nun den so vorbereiteten Rohling für das Teelicht auf das Kerzenfutter. Sollte die Schraube sich irgendwann einmal lösen, kann sie mit PU- oder Montagekleber wieder gesichert werden. Fertigen Sie sich am besten mehrere dieser Futter in verschiedenen Größen und lagern Sie sie in Griffweite: Damit haben Sie eine Sammlung kleiner Schraubenfutter.

Tipps und Tricks

Schrauben & Co. auf der Drehbank eindrehen

Bei Projekten wie Möbelknöpfen, Ofengriffen oder Flaschenverschlüssen ist es oft notwendig, eine Gewindestange oder -buchse (Rampamuffe) einzudrehen. Natürlich soll der metallene Einsatz später auch genau axial fluchten. Daher wird er am besten auf der Drehbank eingedreht.

Zunächst wird das Werkstück an der Stirnseite wunschgemäß vorbereitet und das Bohrfutter mit dem passenden Bohrer im Reitstock befestigt. Jetzt kann mit dem Handrad die gewünschte Bohrung in das Werkstück eingebracht werden. Wer das Bohrloch dann ansenkt, erleichtert sich später das Ansetzen des Gewindes.

Die Rampa-Muffe wird per Hand in das Werkstück eingedreht. Sie hat eine Gewindestange als Träger.

Nachdem die Bohrung exakt zentrisch ist und axial fluchtet, wird nun die Gewindestange oder die Gewindemuffe in dem Bohrfutter befestigt. Die Muffe bekommt dafür eine Gewindestange als Träger, die mit einer Kontermutter gesichert ist. Drehen Sie nun das Werkstück mit der einen Hand (Achtung: nur von Hand). Mit der anderen Hand drücken Sie den Reitstock mit der Schraube gegen das sich drehende Werkstück. Die Schraube oder die Muffe wird so absolut zentrisch und axial fluchtend eingedreht.

Achten Sie beim Befestigen der Gewindestange im Bohrfutter darauf, dass sie wirklich fest und verdrehsicher sitzt, sonst wird das Gewinde im Bohrfutter beschädigt.

Kleine Bohrung wirkt Wunder

Rechtzeitiger Stopp in der Tiefe

Zu tief gedrechselt ist einfach ärgerlich, vor allem wenn etwa eine große Schale den Abflug macht oder optisch verdorben ist. Sofern die gewünschte Tiefe fest steht, hilft ein kleines gebohrtes Loch (Durchmesser: zwei bis vier Millimeter) weiter. Es wird einfach in die Mitte des aufgespannten Rohlings eingebohrt und reicht (bis auf ein, zwei Millimeter) so tief wie das gewünschte Fertigmaß. Jetzt kann Schicht für Schicht abgenommen werden, bis der Boden des Bohrloches erreicht ist. Ein letzter, besonders feiner Schnitt und das Schleifen entfernen die letzten Spuren der Bohrung.

Arbeiten in Serie: Eine Anreißleiste vereinfacht Wiederholungen

Beim Drechseln kleiner Serien fängt Arbeitserleichterung oft schon beim Anzeichnen der markanten Punkte auf dem Rohling an. Natürlich können die Maße auch mit dem Meterstab angezeichnet werden. Dann muss man aber immer wieder auf die Zeichnung schauen. Gute Dienste leistet eine Anreißleiste. Diese ist eine etwa drei Millimeter starke und 40 Millimeter breite ausgehobelte Leiste, auf der das zu fertigende Werkstück im Maßstab 1:1 aufgezeichnet wird. Die Maßpunkte werden über einen Winkelriss auf der Vorderkante abgetragen. Stechen Sie dann mit dem Stemmeisen kleine Kerben dort ein, wo die Risse an der Kante enden. In denen findet später der Bleistift beim Anreißen auf dem rotierenden Werkstück sicheren Halt. Sinnvollerweise ergänzt man die Angaben auf der Leiste mit Hinweisen zum Durchmesser des Werkstückes an den jeweiligen Maßpunkten, und um welches Werkstück es sich handelt. So hat man ein einfaches Hilfsmittel, mit dem man auch noch nach Jahren ein Werkstück identisch reproduzieren kann.

Ein paar Linien, einige Kerben – fertig ist das Werkzeug für die perfekte Serienfertigung.

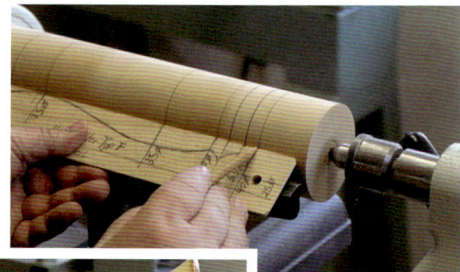

Drechselpraxis

Hier dreht sich alles um den Bohrer: Handbohrer für kleine Einsätze

Kleine Bohrarbeiten wie Löcher in Kugeln oder Perlen setzen, können in Serie mit einem einfachen Hilfsmittel direkt an der Drehbank entstehen.

Dazu benötigen Sie einen kleinen gedrechselten Werkzeuggriff, der mit dem entsprechenden Bohrer stirnseitig je nach Größe ein bis zwei Zentimeter eingebohrt wird. Darin kleben Sie den Bohrer (am besten normale Metallspiralbohrer ohne Zentrierspitze) auf der Schaftseite ein. Diese Methode eignet sich ausschließlich für kleine Bohrdurchmesser (deutlich unter zehn Millimeter).

So wenden Sie den selbst gefertigten Handbohrer beispielsweise an: Eine Holzkugel oder Perle hat auf der Befestigungsseite noch einen Zapfen stehen, der etwas größer als das zu fertigende Bohrloch ist. Auf der anderen Seite wird mit dem Meißel eine kleine Körnung angebracht, sie dient zur Fixierung des Bohrers. Bevor Sie den Bohrer ansetzen, bietet es sich an, die Kugel zu schleifen.

Dann bringen Sie den Drehmeißel in Position: Er stützt den Bohrer bei seiner Arbeit. Dazu wird der Meißel mit der flachen Seite auf die Handauflage gelegt und schräg nach unten knapp unterhalb der Körnung positioniert.

Setzen Sie den Handbohrer nun auf den Meißel an der Körnung an und drücken ihn in das Werkstück. Bei empfindlichen Werkstoffen

oder etwas tieferen Löchern empfiehlt es sich, das Bohrloch etappenweise zu fertigen und dazwischen das Bohrloch auszuräumen. Ist das Bohrloch fertig, kann das Werkstück auf der Zapfenseite mit dem Meißel abgestochen werden.

Foto: Martin Adomat

Schaben mit dem Meißel

Eine der Grundregeln, die jeder Drechseleinsteiger zu Recht lernt, ist: Den Meißel nie im Querholz einsetzen. Das ist aber nur die halbe Wahrheit. Wer den Meißel nicht aufrecht und schneidend, sondern liegend und schabend einsetzt, kann eine Schale sehr gut und gefahrlos fürs Schleifen vorbereiten. Am besten geeignet sind dafür Meißel mit rechteckigem Stahlprofil, die anders als ovale nicht auf der Handauflage rollen.

Dosendeckel mal anders

Ein verschließbarer Drahtverschluss, abgebaut von einem Einmachglas, kann eine Holzdose richtig interessant machen. Solche Einmachgläser gibt es im gut sortierten Haushaltswarengeschäft, zum Teil sogar mit farbigem Deckel. Der Dosenkörper ist in diesem Fall aus einem etwas unförmigen Ast eines Birnbaumes gefertigt.

Sowohl der Deckel als auch die Dose bekommen eine Nut für die Drahtringe. Beim Drehen der Dose muss der genaue Durchmesser am Grund der Nut angelegt werden – am besten per Messschieber direkt vom Glas abnehmen. Wichtig ist auch der richtige Abstand der Nuten zueinander. Dabei kommt es darauf an, ob der Gummiring Verwendung finden soll oder

Foto: Martin Adomat

nicht. Des Weiteren sollte darauf geachtet werden, dass im Bereich des Verschlusses das Dosenunterteil keine größeren Schwankungen im Durchmesser aufweist, da sonst der Bügelverschluss nicht mehr vollständig geschlossen werden kann.

Die Demontage des Drahtverschlusses beginnt am Scharnier. Dort werden die Bügel des oberen Ringes zusammengedrückt; so kann dieser abgenommen werden. Nach Entfernen des Verschlussringes kann auch der untere Ring entfernt werden. In der gleichen Reihenfolge rückwärts wird der Drahtverschluss auf die Dose montiert.

Tipps und Tricks

Die Lösung: So entsteht eine Gitterkugel!

Das war keine leichte Aufgabe! Im Artikel zu durchbrochenen Kreiseln in der vergangenen Ausgabe (HolzWerken 47) fragten wir, wie unser Autor Hermann Sielaff die Meridiane herstellt, also die parallel verlaufenden Halbkreise unterschiedlicher Größe im Inneren der abgebildeten Gitterkugel (Bild 1). Mehrere Leser kamen der Lösung sehr nah. Durch Papierverleimung und Neu-Kombination vorbereiteter Teilkugeln.

Hermann Sielaff beschreibt seinen Weg so: „Als ich auf die Idee kam, die Gitterkalotten mit Meridianen anstelle der konzentrischen Kreise zu setzen, habe ich lange gegrübelt.
Ich fand Lösungen, die nur mit einem Höllenaufwand herzustellen waren. Bei weiteren Spielereien mit normalen durchbrochenen Kugeln trennte ich ein halb fertiges Exemplar in vier gleichgroße Halbkugel-Abschnitte, um die möglichen Kombinationsmöglichkeiten zu erkunden. Dabei kam schließlich genau meine gewünschte Variante zum Vorschein: Meine Meridian-Gitterkugel, zunächst als Halbkugel!
Wenn ich eine solche Kugel fertige, gehe ich also so vor: Ich stelle für jede Halbkugel zwei Quader her und verleime sie (mit einer Papierschicht zwischen den Leimschichten) zu einem Block mit quadratischer Grundfläche. Hier hinein kommen die Nuten (Bild 2), ähnlich wie bereits bei anderen Kreiselmodellen gezeigt.
Danach werden die beiden Quader voneinander getrennt (links in Bild 2). Wenn nun die im Bild nach oben weisenden Flächen (Schraffur) zueinander gedreht und verleimt werden, entsteht das Innere der Meridianhalbkugel (in Bild 3). Aus zwei solcher Halbkugeln entsteht im weiteren Verlauf durch Verleimen und Außenbearbeitung eine Vollkugel.

Tarnen Sie kleine Holzfehler

Kleine Risse lassen sich beim Drechseln bekanntermaßen gut mit Sekundenkleber füllen. Nach wenigen Augenblicken ist das Cyanacrylat farblos ausgehärtet und kann überdrechselt und geschliffen werden. Was jedoch tut man bei Ast-Ausbrüchen? Sofern Sie etwa drei Millimeter Breite nicht überschreiten, können solche Fehlstellen ebenfalls mit Sekundenkleber behandelt werden. Dazu lohnt sich zunächst ein Blick ins Sortiment des Drechselhandels. Hier gibt es Sekundenkleber in verschiedenen Flüssigkeitsstufen. Die „Viskosität" sagt etwas darüber aus, wie schnell der Kleber fließt (beziehungsweise wie zäh er ist). Je „viskoser", desto zäher ist er.

Kleine Risse benötigen sehr flüssigen (also niedrigviskosen) Kleber, der tief zwischen die Fasern hinab fließt.
Bei kleinen Astlöchern ist es genau umgekehrt. Hier soll das Cyanacrylat nicht schnell in der Tiefe versickern, sondern die Schadstelle füllen. Damit die Schadstelle später natürlich wirkt, wird der Sekundenkleber am besten mit Holzstaub vermischt. Die Körnchen, die beim Schaben von Hirnholz oft entstehen, sind ideal. Den Staub in die Fehlstelle einreiben, dann den Kleber darüberträufeln. Wichtig: Die Füllung muss stets dunkler sein als die Umgebung, sonst fällt sie sofort ins Auge.

Drechselpraxis

Fluchtversuch aussichtslos

Ein Futter für das Fertigdrehen einer Kugel lässt sich in wenigen Schritten ganz leicht herstellen: Dazu wird aus einem Stück dichten Holzes auf ein Schraubenfutter oder Drechselfutter gespannt, rund gedrechselt und mit einer Mulde versehen. Die Höhlung dieser Mulde entspricht der bereits weitgehend runden Kugel. Auf der Reitstockseite wird ein ausgebohrtes Holz über die mitlaufende Körnerspitze gestülpt. Auch dieses kleine Hilfsfutter bekommt vorab eine Mulde. Es liefert den nötigen Gegendruck, um damit eine vorgedrechselte Kugel technisch rund fertig zu drechseln.

Noch ein Tipp: Empfehlenswert ist es, das Futter aus einem weicheren Material zu fertigen als die zu drechselnde Kugel.

Die passende Mulde ...

... für die passende Kugel. Von der Reitstockseite sichert ein über den mitlaufenden Körner geschobenes Hilfsfutter.

Fotos: Martin Adomat

Schruppen in kleinen Schritten

Beim Schruppen von besonders unwuchtigen Stücken an der Drechselbank liegt der Erfolg in kleinen Schritten. Im Langholz setzt die Schrupprohre einige Zentimeter vom Ende des Werkstücks an und wird dann – aber nicht zu tief – ins Holz gedrückt. Achten Sie dabei auf eine insgesamt lockere Körperhaltung.

Zapfenlehre für Einschlagfutter

Unser Leser Georg Klein aus Tegelen (Niederlande) schreibt: Einen Zapfen für ein Einschlagfutter zu drechseln, der auf Anhieb die passende Steigung hat, ist oft eine Herausforderung.

Ein einfaches Hilfsmittel schafft hier Abhilfe: Übertragen Sie den Konuswinkel des Einschlagfutters auf das Ende eines breiten Eisensägeblattes (es kann auch eine Holzleiste oder ähnliches sein) und kürzen Sie dieses entsprechend ein. Nun drechseln Sie zunächst einen zylindrischen Zapfen, dessen Durchmesser mindestens dem größten Innendurchmesser des Einschlagfutters entspricht. Danach schrägen Sie vorsichtig den Zapfen zum angestrebten Konus ab. Zur Feststellung des richtigen Winkels setzen Sie nun das Eisensägeblatt ein. Dies ist denkbar einfach: Das abgeschrägte Ende des Hilfsmittels auf den Zapfen stellen und prüfen, ob das Sägeblatt sich in der Senkrechten befindet. Steht das Sägeblatt noch nicht ganz senkrecht, dann heißt es nacharbeiten; steht das Sägeblatt senkrecht, dann dürfen Sie sicher sein, dass der Zapfen im Konus des Einschlagfutters nicht mehr wackelt und eine kraftschlüssige Verbindung hergestellt werden kann.

Foto: Georg Klein

Die Senkrechte lässt sich übrigens leicht mit Augenmaß ermitteln, wenn Sie sich zum Beispiel hinter der Drechselbank eine senkrechte Referenzlinie an die Wand zeichnen.

Tipps und Tricks

Im Kambium kommt es zum Bruch

Bei Naturrandschalen löst sich die Rinde sehr leicht, teils schon beim Bearbeiten auf der Drechselbank. Der Bruch geschieht immer im Bereich der Kambium-Schicht, der hauchdünnen Wachstumszone des Holzes. Das geschieht vor allem dann, wenn diese Schicht schon zu trocken ist. Daher für Naturränder stets saftfrisches Holz verwenden. Ist das Stück fertig, dann aber umgehend trocknen, weil sich das feuchte Kambium schnell zersetzt.

Spannung aus dem Teppichladen

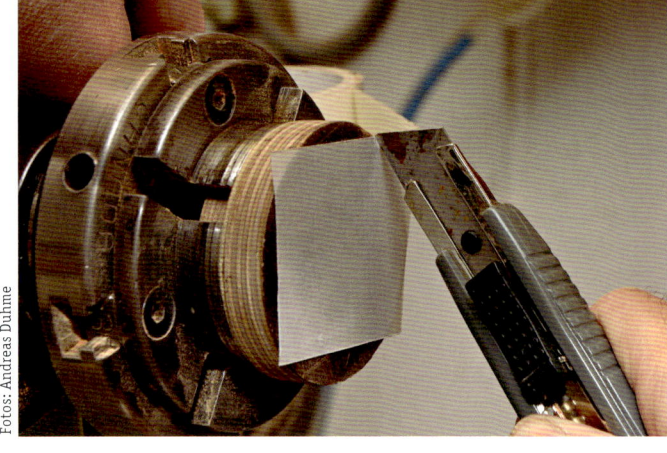

Fotos: Andreas Duhme

Kleine Dosendeckel für das Drechseln zu spannen, ist oft knifflig. Was natürlich immer geht, ist, den Rohling so groß zu wählen, dass man genug „Fleisch" zum Einspannen hat. Der Überstand wird später weggedrechselt.

Allerdings ist das nicht gerade materialsparend und bei wertvollen Hölzern auch teuer. Oft liegt das Holz der Wahl auch gar nicht in der richtigen Stärke vor. Wie also dünne Rohlinge aufspannen?

Die Lösung ist zunächst eine kleine Hilfsplatte aus Multiplex (hier im Bild sechs Zentimeter im Durchmesser), die an einem Zapfen im Spannfutter aufgenommen wird. Nun kommt auf die Plattenfläche kräftiges Verlegeband aus dem Raumausstattergewerbe. Das mit Gewebe verstärkte doppelseitige Klebeband sichert Rohlinge zuverlässig vor dem Verrutschen.

Wenn das Klebeband sitzt und die Schutzfolie abgezogen ist, greifen Sie zum kreisrund geschnittenen Rohling. Wichtig ist jetzt, dass der Kreismittelpunkt noch erhalten ist. Mit seiner Hilfe und der mitlaufenden Körnerspitze im Reitstock platzieren Sie das dünne Holz zentrisch auf dem Klebeband und drücken es fest. Nun am besten die Körnerspitze durch ein flächigeres, mitlaufendes Element ersetzen (Bild). Solche verschieden geformten Druckelemente gibt es als Satz zu kaufen. Und dann können Sie die Unterseite des Dosendeckels drechseln. Drehen Sie dabei einen Rezess an, um das Deckelchen später für die Bearbeitung der Oberseite aufnehmen zu können. Ist die Unterseite fertig, hilft ein kleiner Keil, um das nun oft sehr dünne Werkstück vorsichtig vom Klebeband zu lösen. Klebereste entfernt Reinigungsbenzin.

Wenn Sie über kleine Projekte Vertrauen zum Spannmittel Verlegeband aufgebaut haben, kann es auch größere Objekte sicher halten. Unterstützen Sie dabei aber immer mit der Reitstock-Pinole.

Mutig auf dem Weg in die Tiefe

Aushöhlwerkzeuge mit Spandickenbegrenzung machen die Arbeit in großer Drechseltiefe viel einfacher. Es wird dabei häufig übersehen, dass diese Werkzeuge eine besondere Herangehensweise nötig machen. Denn nach der genauen Einstellung der gewünschten Spanabnahme muss das Werkzeug zügig und mutig geführt werden. Zu große Vorsicht ist kontraproduktiv! Das ist entscheidend, da das Werkzeug bei zögerlicher Arbeit sehr schnell verstopft, und der Frust ist da.

Drechselpraxis

Abstandshalter hält Eisen vom Futter fern

Dosendeckel, die noch einen Knopf als Abschluss erhalten, können sehr schön auf dem Schraubenfutter gedrechselt werden. Die Schraube sitzt dabei im Zapfenloch für den Deckelknopf. Zunächst gilt: Dieses Loch sollte nicht zu stramm gebohrt werden, da ansonsten die Schraube die Holzfaser am Lochrand hochzieht und ausbrechen lässt. Eine kleine Fase am Lochrand vermindert das Risiko.
Um den Deckel auch an der Flanke bearbeiten zu können, ohne dass das Werkzeug am Futter Schaden nimmt, ist Abstand geboten. Legen Sie in einem solchen Fall eine Distanz-Scheibe aus Sperrholz unter. Diese Scheibe soll ein zentrisches Loch mit dem Durchmesser der Schraube plus 0,5 Millimeter haben; ihre Kanten werden abgerundet.
Zunächst wird der gebohrte Deckelrohling mit der im Durchmesser etwas kleineren Distanz-Scheibe auf das Schraubenfutter geschraubt. Drechseln und schleifen Sie jetzt die Deckelunterseite und gegebenenfalls den Falz (Bild). Drehen Sie den Deckel dann um. Jetzt dient die Scheibe als Schutz vor Kratzern durch das

Schraubenfutter. So kann die Deckeloberseite fertiggestellt werden.

Deckel auf der Dose drechseln

Hier noch ein weiterer Tipp zu Dosendeckeln: Er wird zunächst von der Unterseite so gedrechselt und fertig geschliffen, wie in der ersten Version beschrieben. Die Deckeloberseite wird dann auf der wieder eingespannten Dose unter Zuhilfenahme der Reitstockspitze eingespannt. So kann der Deckel auf der Dose fertiggedreht werden. Diese Version hat den Vorteil, dass die Gestaltung des Deckels auf der Dose stattfindet und somit die stimmige Form gleichzeitig kontrolliert werden kann. Lediglich der oberste Bereich des Dosendeckels kann wegen der Reitstockspitze nicht fertig gedreht werden.

Aber auch für diesen Bereich gibt es einen pfiffigen Trick: Der soweit wie möglich fertig geschliffene Dosendeckel wird in der eingespannten Dose belassen und mit einem Klebeband im geschliffenen Bereich auf der Dose fixiert. Jetzt kann der unbearbeitete Rest des Dosendeckels ohne Reitstockunterstützung bearbeitet und geschliffen werden.
Es sollte ein Klebeband gewählt werden, dass sich leicht und ohne Rückstände wieder lösen lässt. Am besten eignen sich Papierklebebänder, die lassen sich zudem auch leicht abreißen.

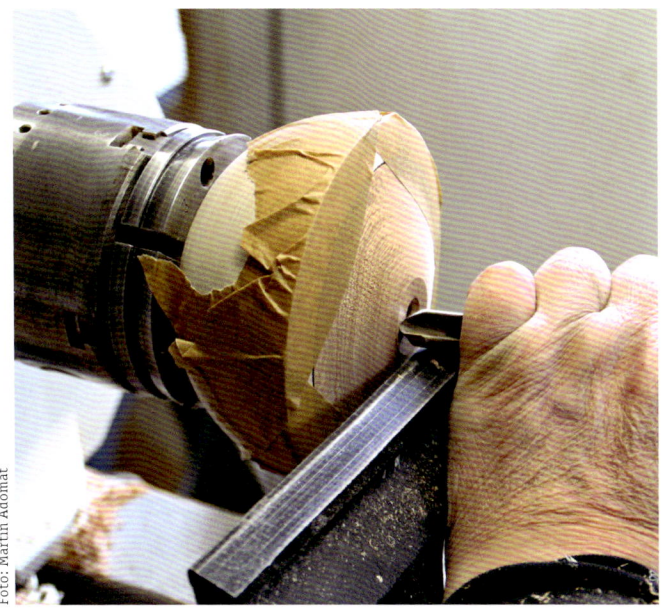

Tipps und Tricks

Hilfe nach einem Fehler

Fasern-Transplantation rettet zu dünne Zapfen

Ein zu dünn gedrehter Zapfen an der Drechselbank ist ein ärgerlicher Fehler, selbst wenn es nur um wenige Zehntelmillimeter geht. Die nächstliegende Lösung wäre natürlich: Der zu schmächtige Zapfen wird abgestochen und neu angedreht.

Das geht aber nur, wenn das einzuzapfende Stück (etwa ein Stuhlbein) nicht bereits auf Länge geschnitten wurde und (bei geplanter beidseitiger Zapfung) erst auf einer Seite gearbeitet wurde. Unbefriedigend ist das Abdrehen obendrein. Um der drohenden losen Verbindung etwas entgegen zu setzen, lässt sich gut mit aufquellendem Leim arbeiten: PU-Leim reagiert mit der Luftfeuchtigkeit und nimmt vor der Aushärtung dort an Volumen zu, wo Platz ist: Auch eine lose Zapfenverbindung wird so versteift. Wenn jedoch der Zapfen viel zu locker in seinem Loch sitzt, bietet sich noch eine andere Möglichkeit an: Von einem Stück Restholz (von derselben Sorte wie das Zapfenstück) hobeln Sie einen möglichst breiten Span ab, mindestens so lang wie der Zapfen ist. Diese Ersatzfasern wickeln Sie anschließend mit Leim um den zu dünnen Zapfen und fixieren Sie stramm mit Gummibändern. Dieser Trick lässt sich natürlich auch bei stark geschwundenen Zapfen an alten Verbindungen anwenden, etwa bei Stühlen.

Gewusst wie: Schnitte quer zur Faser

Sieht gleich aus, ist es aber nicht: Querholz auf der Drechselbank kommt nicht nur als Schale daher, sondern auch in viel kleineren Dimensionen. Doch es verlangt beim Bearbeiten einen ganz anderen Werkzeugeinsatz als Langholz, bei dem die Fasern parallel zur Drehachse stehen. Beim Querholz stehen sie rechtwinklig dazu. Wir haben den Verlauf im Bild mit Strichen für die Fasern und Punkten für den Hirnholzbereich angedeutet.

Auf der Drechselbank gilt als erste Regel: Der Einsatz des Meißels ist tabu. Genauer: Nie sollte man der Versuchung erliegen, mit dem Meißel Querholz schneiden zu wollen. Das spitze Werkzeug gerät zwischen die Hirnholzfasern und hakt unweigerlich ein. Allenfalls quer aufgelegt und schabend darf ein Meißel ans Querholz. Um einen zwischen den Spitzen gespannten oder auf ein Spundfutter gesteckten Querholzrohling erst einmal rund zu bekommen, ist eine Schalenröhre das richtige Werkzeug. Sie wird dabei jeweils von außen zur Mitte hin geführt, so dass hinter den gerade geschnittenen Fasern immer noch Holz zur Unterstützung steht (siehe Bild). Dabei wird die Schneide auf die Seite gelegt, so dass sie nicht in die Hirnholzbereiche einhakt. Mit dieser Technik ist Querholz nicht viel schwieriger zu bearbeiten als Langholz.

Gerne werden aus Querholz kleine Küchenutensilien gefertigt. Martin Adomat hat für HolzWerkenTV, unseren Videokanal im Internet,

Foto: Andreas Duhme

jüngst eine kleine Querholzwalze gedrechselt. Sein scherzhaft „Nudelmaschine" genannter Roller ist mit vielen kleinen V-Nuten besetzt. Sie formen aus einem dünn ausgerollten Teig kleine Nudelstreifen.

Passgenaue Zapfen für Knöpfe und Co.

Zapfen an Möbelknöpfen müssen besonders maßhaltig sein, damit sie auch zuverlässig und fest halten. An der Drechselbank werden solche Zapfen zunächst mit etwas Längen-Übermaß angelegt. Von der dem Möbelknopf abgewandten Seite her wird der Zapfen dann zunächst leicht konisch angedreht. Sobald der vorher passgenau eingestellte Messschieber auf den Konus passt, wird diese Stelle mit einem Bleistift markiert. Von dieser Markierung ausgehend kann jetzt der Zapfen passgenau parallel bis an den Möbelknopf angedrechselt werden.

Drechselpraxis

Verzogene Gefäße nachdrechseln

In Nassholz gedrechselte Gefäße verziehen sich beim Trocknen stark. Das kann dazu führen, dass der Standfuß uneben wird und das Gefäß wackelt. Greifen Sie in diesem Fall zu einem Stück feinfaserigem Holz (Linde, Birke) und drehen Sie es an der Stirnseite eben. Spannen Sie den Wackelkandidaten jetzt zwischen das so vorbereitete Holz und die Reitstockspitze. Bei kleiner Drehzahl kann nun der Standfuß eben gedreht werden. Es bleibt ein kleiner Rest-Zapfen, den Sie händisch abstechen und verschleifen.

Ethanol erleichtert den finalen Schnitt

Für den allerletzten Schnitt auf schwierigem Holz kann man einige Tropfen Ethanol auf das Holz sprühen. Die Fasern werden dadurch kurzfristig weich und geschmeidig und lassen sich so vom scharfen Werkzeug sauber durchtrennen. Der Einsatz von Ethanol hat sehr große Vorteile gegenüber Wasser: Es stellt die Fasern nicht auf und verfliegt binnen einer Minute ohne Rückstände im Holz. Kleine Sprühfläschchen aus dem Kosmetikbereich eignen sich dabei hervorragend zum Auftragen des Ethanols. Sie müssen nur vorab sehr gründlich gereinigt werden.

Damit es richtig schön „Plopp" macht

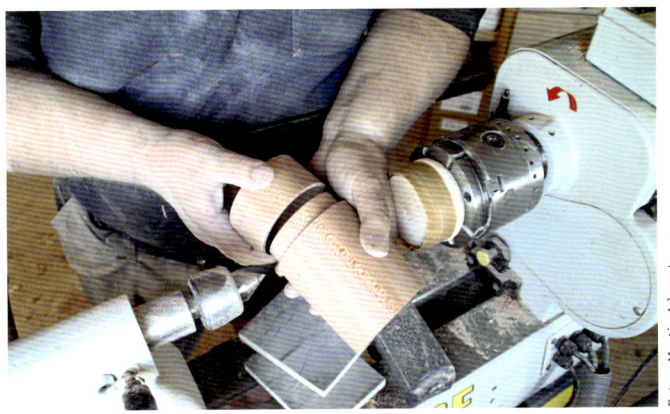

Fotos: Martin Adomat

Eine echte Herausforderung für einen Drechsler ist eine sogenannte Plopp-Dose. Dose und Deckel schließen bei ihr so dicht, dass die Luft beim Öffnen mit dem charakteristischen Geräusch hereinströmt. Die Präzision ist bei dieser Arbeit wichtig. Aber auch die Zeit spielt eine wesentliche Rolle für ein über Jahre einwandfreies Funktionieren der Dose. Gut getrocknetes Holz ist bei der Anfertigung dieser Arbeit unbedingt Voraussetzung. Doch selbst dieses verzieht sich noch während der Bearbeitung. Der Grund: Durch das Aushöhlen treten Spannungen auf, die die notwendige, perfekt runde Form wieder stören. Hier muss also nach gebührender Wartezeit nachgearbeitet werden. Daher erfordert die Plopp-Dose diese Arbeitsschritte:

1. Die Dose wird aus dem Rohmaterial zunächst vorgedreht. Das heißt, sie wird mit mindesten fünf Millimeter Übermaß gefertigt. Die Einspannmöglichkeit muss unbedingt erhalten bleiben.
2. Nach einer Trocknungs- und Entspannungszeit von mindestens 14 Tagen an einem wohnungstrockenen Platz wird die Dose wieder in die Werkstatt genommen. Die Passung des Deckels zur Dose kann jetzt hergestellt und die Dose vollendet werden.
3. Wer ganz sicher gehen will, kann aber auch die Passung nochmals mit einem Übermaß von einem Millimeter belassen. Die Einspannmöglichkeit muss wiederum unbedingt erhalten bleiben.
4. Nach einer weiteren Trocknungs- und Entspannungszeit von etwa zwei Wochen kann dann die Dose fertig gestellt werden. Nach dieser zugegebenermaßen etwas längeren Herstellungszeit wird die Dose aber auch über Jahre hinweg beim Öffnen ihr bezeichnendes „PLOPP" hören lassen.

Schwerpunkt finden leicht gemacht

Sie wollen ein Stück Maserknolle drechseln? Dann finden Sie so den Punkt des Rohlings, durch den die Drehachse verlaufen sollte: Spannen Sie einen 6er Holzdübel senkrecht in den Schraubstock. Verschieben Sie den Rohling so lange auf dem Dübel-Ende, bis er ohne weitere Unterstützung in Balance ist. Markieren Sie die Dübelposition: Hier liegt der Schwerpunkt Ihres Rohlings und hier sollte die Drehachse verlaufen, damit sie fast ohne Unwucht drehen können.

Tipps und Tricks

Rahmen hält Vierkantschale sicher stramm

Eine Herausforderung an den Drechsler stellen immer wieder gedrechselte Schalen aus einem quadratisch zugeschnittenen Brett dar. Dabei wird das Brett an den Außenkanten im quadratisch-eckigen Zustand belassen und lediglich die Ober-und Unterseite Rund in Form gebracht.
Ein solches Stück Holz spurlos zu spannen ist nur eine der zu lösenden Aufgaben. Die Bearbeitung ist wegen der frei rotierenden Werkstückkanten schwierig und gefährlich; die Ränder des Brettes fransen schnell aus. Beim Schleifen sind die Ränder schnell verschliffen und die Finger gefährdet.
Abhilfe schaffen eine auf die Planscheibe geschraubte Holzplatte und ein auf diese Holzplatte geschraubter Rahmen. Diese vier Leisten umrahmen das zu drechselnde quadratische Brett nun stramm und halten es sicher.
Da die Ecken und Kanten des Werkstückes jetzt durch den Rahmen eingefasst sind, kann das Werkstück sicher und sauber bearbeitet werden. Die Rahmenleisten werden mit „bedrechselt", so dass der viereckige Schalenrand keine Probleme macht. Auch die Finger, die mit dem Schleifpapier der Schale den letzten Schliff geben, sind nun sicher vor den aggressiven Kanten geschützt und können diese auch nicht mehr unsauber verschleifen. Optisch schön scharfkantig wird die Schale erst nach dem Abschrauben der Leisten.

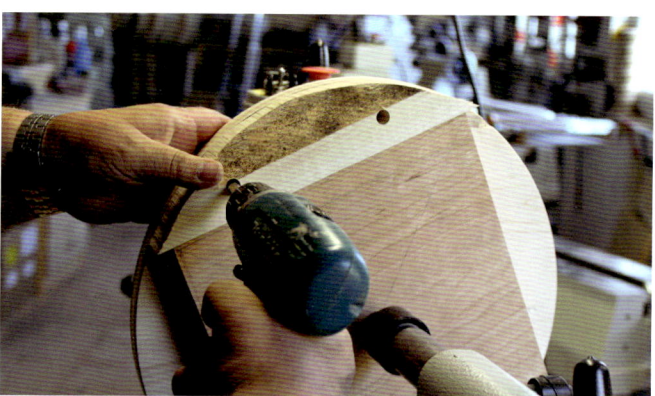

Fotos: Martin Adomat

So bekommen Zapfen den exakten Durchmesser

Stuhlbeine, Möbelknöpfe, Treppensprossen und viele weitere gedrechselte Gegenstände haben eines gemeinsam: maßhaltige Zapfen an den Enden. Diese müssen mit dem Drechselwerkzeug unter Zuhilfenahme eines Messschiebers mühsam, einzeln und frei Hand an das Werkstück angebracht werden.
Ein genialer, kleiner und leicht selbst herzustellender Helfer kann hier wertvolle Dienste leisten. Das Prinzip ist denkbar einfach: Auf einem auf dem Drehbankbett verschiebbar und feststellbarem geschlitzten Brett wird am hinteren Stirnende eine weitere Latte im rechten Winkel senkrecht angebracht. Am oberen Ende wird ein kleiner Zeiger mittels einer Schraube frei und leicht drehbar befestigt. Dieses Gestell wird nun auf dem Drehbankbett hinter dem zu drehenden Werkstück so positioniert, dass der Zeiger oben auf dem rotierenden Holz aufliegt. Jetzt kann das Werkstück bearbeitet werden, der Zapfen wird am besten mit einem sehr scharfen Bedan angedreht.
Ist der gewünschte Durchmesser erreicht, fällt der Zeiger nach unten und signalisiert den fertigen gewünschten Durchmesser. Natürlich können so auch mehrere dieser Helfer auf der Drehbank positioniert werden und so die wichtigen Maßpunkte einer Drechselarbeit zuverlässig anzeigen. Deshalb ist es auch sinnvoll mehrere solcher Helfer herzustellen und für die Befestigung auf dem Drehbankbett mittels Flügelmuttern oder Kunststoffgriffen zu sorgen.

Fotos: Martin Adomat

Drechselpraxis

Querverbindung wirkt besser als jeder Kleber

Gedrechselte Korkenzieher müssen auch nach vielen Jahren noch gewaltige Kräfte aushalten.
Nur mit Kleber ist das nicht zu bewerkstelligen. Das Korkenziehergewinde muss im Holz mit einem quer durchgebohrten kleinen Bolzen befestigt werden. Dazu bohrt man die Löcher der Einfachheit halber in das noch kantige Holz. So können die Bohrlöcher mittig und winklig zueinander exakt gebohrt werden. Zuerst entsteht das größere Loch für die Aufnahme des Korkenziehers und dann quer dazu das kleinere Loch für den Bolzen (meist einen Nagel mit Rundkopf). Ist dann der Griff fertig gedrechselt, wird die Rundstange des Korkenziehergewindes in die dafür vorgesehene Bohrung eingeschoben. Mit der Ständerbohrmaschine wird nun durch das kleinere Loch das Rundende des Korkenziehers durchbohrt und dann der Nagel in dem Holzgriff fixiert. Natürlich kann diese Verbindung zusätzlich mit einem Epoxidharz-Kleber gesichert werden. So ist die Korkenzieherklinge unverrückbar und auf Lebenszeit mit dem Griff verbunden.

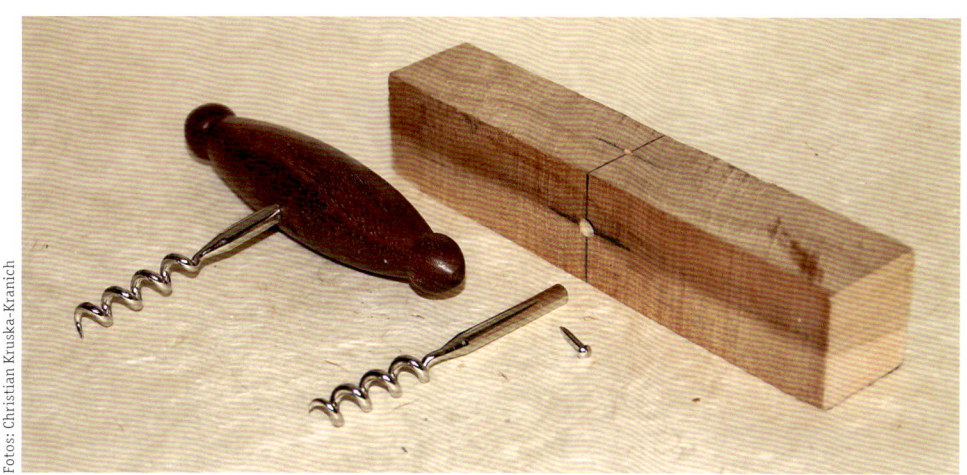

Fotos: Christian Kruska-Kranich

Sägen statt Schruppen

Das Runddrechseln einer kräftigen Kantel zu einer Walze mit der Schruppröhre macht gerade Einsteigern richtig Spaß. Im Endeffekt ist es aber schneller, gar zu großes Übermaß vorab abzusägen. Mehr als fünf Millimeter über dem Zielmaß sind nicht nötig, und da ist schon eine Sicherheitsreserve eingerechnet.

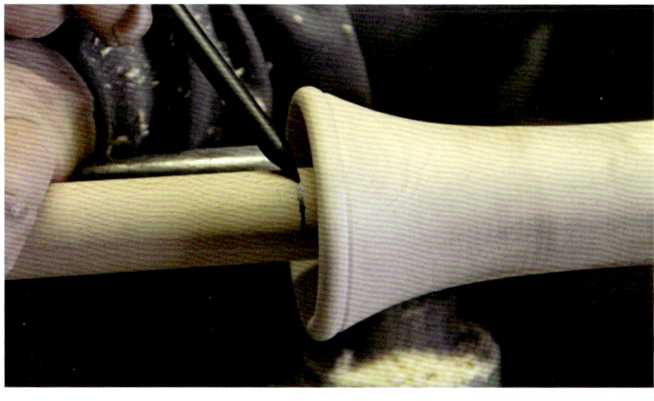 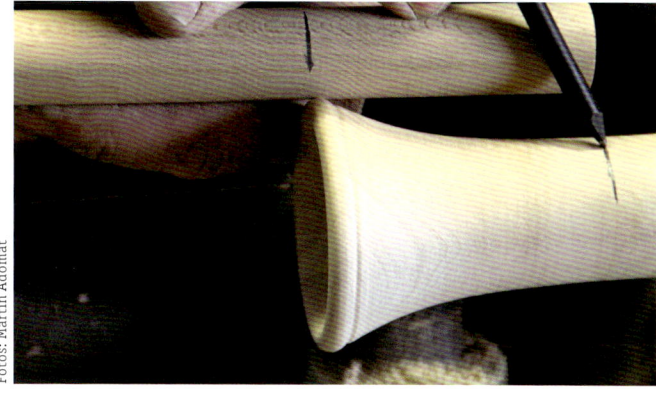

Fotos: Martin Adomat

Das Innenmaß von Trompeten und Co.

Konische Öffnungen, zum Beispiel Schalltrichter von Holzblasinstrumenten, müssen form- und maßhaltig hergestellt werden. Dabei sind die Innenmaße gar nicht so leicht zu messen. Je tiefer die Öffnung wird, desto schwerer wird diese Aufgabe. Die Innenmaße müssen aber bekannt sein, damit die Wandungsstärke kontrolliert werden kann.
Eine einfache, aber gute Möglichkeit bilden da zum Beispiel rechtwinklig abgeschnittene Rundstäbe mit verschiedenen Durchmessern. Und so werden sie eingesetzt: Stecken Sie einen Rundstab von – beispielsweise – 20 Millimeter Durchmesser so weit es geht in die Öffnung. Mit einem Strich (oder mit dem Daumennagel) „merken" Sie sich, wie weit das Stäbchen in den Trichter hineinstößt. Ziehen Sie den Stab dann heraus und halten Sie ihn außen in die richtige Tiefenposition. Hier erkennen Sie nun außen, an welcher Stelle der Trichter innen 20 Millimeter weit ist.

Tipps und Tricks

Pudding oder Füllmaterial?

Ärgerliche Risse in einer schönen Holzschale können jeden Drechsler zur Verzweiflung bringen. Abhilfe schaffen hier Materialien verschiedener Ausführungen. Die preiswerteste Möglichkeit einen Riss zu füllen ist normaler Haushaltsgrieß. Hartweizengrieß ist in jedem Supermarkt für nur wenige Cent erhältlich und verbindet sich hervorragend mit normalem CA-Kleber (Sekundenkleber). Nun brauchen lediglich die sichtbaren Teile des Risses mit teurerem Harz oder bunten Zusatzstoffen ausgefüllt werden.

Wenn das Holz nicht reicht

Da hat man ein schönes Stück Edelholz und möchte möglichst verlustfrei eine Schale daraus drechseln. Dann können Sie ein Blindholz auf der Schalenunterseite aufleimen. Dieses sollte vom Durchmesser und von der Materialstärke so bemessen sein, dass jetzt entweder ein Fuß oder ein Rezess angedrechselt werden kann. Jetzt kann die Schale ganz normal gespannt werden. Das Blindholz wird dann bei der Fußgestaltung weggedrechselt.

Filzschreiber signalisiert Drechsel-Stopp

Beim Stiftedrechseln muss das überschüssige Holz bündig bis zum Röhrchen weggedrechselt werden. Durch den Späneflug ist schwierig zu erkennen, wann „bündig" erreicht ist. Wird das Röhrchen aus Versehen gekürzt, funktioniert der Stift nicht. Ist das Röhrchenende hingegen mit einem Edding schwarz gefärbt, blitzt es bei Werkzeugkontakt plötzlich warnend auf: Sofort Halt!

Naturrand besser stehend behandeln

Naturrand-Schalen versprühen ihren besonderen Reiz: Die am Stück verbleibende Baumkante verbindet das Werk mit seinem Ursprung im Wald. Bei der Herstellung kann so ein Naturrand-Objekt aber schmerzhaft werden. Der raue, unregelmäßige Rand schlägt beim Auftragen des Oberflächenmittels gegen die Finger oder reißt das Tuch (samt Fingern) mit. Also besser: Ausspannen und dann stehend behandeln.

Keine Angst vor dem Vierkant

Drechseleinsteiger haben oft Hemmungen, ein vierkantiges Werkstück auf der Drehbank rund zu schruppen. Doch die Angst ist unbegründet, wie diese kleine Rechnung zeigt: Selbst bei einer Drehzahl von nur 1.500 U/min hat das Werkzeug 100 (!) Kantenberührungen pro Sekunde. Das Werkzeug kann da nicht unkontrolliert nach vorne rutschen und einhaken. Werkstücke unter einem Kant-Maß von 90 x 90 Millimetern müssen also nicht vorab gefast oder gar achteckig vorbereitet werden.

Kleine Bohrlöcher verhindern Spalten

Bei sehr dünnen oder auch extrem harten Hölzern besteht die Gefahr, dass sie sehr leicht aufspalten, sobald sie zwischen den Spitzen gespannt werden. Abhilfe schaffen beidseitig stirnseitig eingebohrte, zentrische Löcher, die in der Tiefe und im Durchmesser individuell auf den Mitnehmer und die Reitstockspitze abgestimmt sind. Dadurch können die Zacken des Mitnehmers sofort sicher greifen und die Reitstockspitze bietet sicheren Halt auch ohne viel Druck und Spaltrisiko.

Drechselpraxis

Exzentrisch drechseln: Bauen Sie sich Ihre eigene Wanknutscheibe

Mit Exzenterfuttern können Sie außergewöhnliche Werke drechseln. Doch solche Futter sind meist sehr teuer und die Anschaffung lohnt sich nicht, wenn man sie nur gelegentlich einsetzt. Mit einem einfachen Schraubenfutter und einer Sperrholzscheibe kann man sich aber ohne viel Mühe ein solches Futter (Wanknutscheibe) selbst herstellen. Sie brauchen dazu lediglich ein Sperrholzbrett, aus dem Sie eine Scheibe mit dem für Sie geeigneten Durchmesser herstellen können. Die Stärke des Brettes richtet sich dabei nach der Schräge, mit der Sie Ihr Werkstück bearbeiten wollen.

Wir haben einen Scheibendurchmesser von 70 Millimetern und eine Sperrholzmaterialstärke von 16 Millimetern gewählt. Trennen Sie dieses Sperrholzbrett hochkant an der Bandsäge diagonal durch, legen Sie beide Teile wieder passgenau aufeinander und sägen Sie dann eine kreisrunde Scheibe aus. Die Scheibe erhält noch mittig ein Loch, das dem Durchmesser plus zwei Millimeter der Schraube Ihres Schraubenfutters entspricht.

Stecken Sie die Wanknutscheibe auf die Schraube des Schraubenfutters und klemmen Sie beides zwischen Werkstück und Futter. Dreht man die schrägen Scheiben gegeneinander, entsteht ein Exzenterfutter.

Wenn Sie nun das Schraubenfutter außerdem noch außermittig auf Ihr Werkstück aufschrauben, können Sie damit außergewöhnliche Drechselarbeiten herstellen.

Fotos: Martin Adomat

Die richtige Drehzahl kann die falsche sein

Einsteiger ins Drechseln interessiert die richtige Drehzahl brennend. Wenn sie in einer Anleitung (wie etwa hier in HolzWerken) genannt wird, muss sie aber nicht sklavisch eingehalten werden. So kann es passieren, dass ein kleiner Schalenrohling von 100 Millimeter Durchmesser bei 1.000 U/min gedrechselt werden soll – aber das aktuelle Stück Holz gerade bei dieser Drehzahl stark unwuchtig läuft. Dann trifft die Drechselbank die Eigenfrequenz des Werkstücks, und die Drehzahl sollte etwas erhöht oder gesenkt werden.

Kleine Ringe, große Wirkung

Das schadlose Einspannen kleiner Werkstücke in das Bohrfutter der Drechselbank ist ohne Hilfsmittel kaum möglich. Mit selbsterstellten Klemmhilfen lassen sich Kratzer an kleinen gedrechselten Objekten verhindern. Selbst hergestellte Kunststoffringe aus PVC mit unterschiedlichen Durchmessern und einer Wandstärke von 12 bis 15 Millimetern eignen sich dafür hervorragend.

Der Innendurchmesser richtet sich dabei nach dem Durchmesser des Werkstücks zuzüglich einer Zugabe für die Wandung von circa 20 Millimeter. Das Außenmaß darf dabei nicht größer sein, als die maximale Spannweite des Drechselbankfutters. Spannen Sie den Ring-Rohling nach dem Aussägen auf der Bandsäge auf die Drechselbank und drechseln Sie den Außendurchmesser an. Legen Sie eine Sperrholzscheibe von fünf Millimeter Dicke ins Futter, damit das Drechseleisen nicht in die Nähe der Backen gerät. Nun wird der benötigte Innendurchmesser durch die Kunststoffscheibe bis in das Sperrholz gebohrt. Damit der Ring biegbar wird, schlitzen Sie ihn noch ein. Nun können Sie auch kleinste Teile schadlos drechseln.

Foto: Martin Janicki

Tipps und Tricks

Aus Abfall wird wertvolle Drechsel-Hilfe

Beim Drechseln kommt es häufig vor, dass auch die zweite Seite eines zylindrischen Werkstücks bearbeitet werden muss. Spannen Sie es ungeschützt in das Drechselfutter ein, wird es rasch durch die pressenden Backen des Futters beschädigt. In das Drechselfutter eingespannte Kunststoffhülsen umschließen das Werkstück schadlos. Diese lassen sich aus allen möglichen zylindrischen Kunststoffverpackungen, -dosen und Wasserrohrresten herstellen.

Zunächst wird möglichst rechtwinklig die geplante Länge der Kunststoffhülse abgesägt. Damit sich die Hülse im Futter der Drechselbank flexibel einspannen lässt, muss diese an der Seite geöffnet werden. Dazu wird die Hülse in Längsrichtung mit der Säge oder einem scharfen Messer geschlitzt. Entgraten Sie zudem alle Kanten. Beim Einspannen liegen alle Spannbackkanten auf dem Kunststoff und beschädigen das Werkstück nicht. Je nach Größe der verwendeten Kunststoffhülse lassen sich nun auch kleinste Teile ohne Kratzer und Macken an dessen Flanken drechseln.

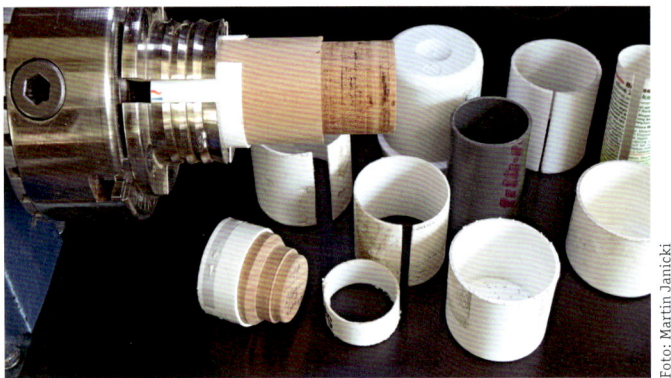

Foto: Martin Janicki

So kommt die Nut genau an ihren Platz

Crushgrind-Mahlwerke zum Bau von Pfeffermühlen sind bei Drechslern beliebt. Mit wenigen Bohrungen im gedrechselten Mühlengehäuse kann man die Mahlwerke problemlos verbauen – wenn da nicht eine nötige seitliche Nut innen im Bohrloch wäre. Sie dient dazu, das Mahlwerk sicher im Gehäuse zu verankern. Dazu muss die Quer-Nut millimetergenau platziert sein.

Bisher hat man dazu auf dem Quernutenstecher eine Markierung angebracht und frei Auge die seitliche Nut eingebracht. Aber schon ein kleines Wackeln und die Nut ist entweder zu hoch oder zu niedrig im Gehäuse gestochen.

Mit wenigen, sehr preiswerten Materialien ist ein Tiefenbegrenzer schnell gebaut.

Nötig sind ein Kistenwinkel (60 x 60 x 18 mm), zwei Schlüsselschrauben (M6 x 16 mm), zwei Muttern M6, eine Sicherungs-Mutter M6 und eine Flügelmutter M6.

Der Winkel wird zu zwei Streifen auseinander gesägt. Feilen Sie die scharfen Kanten und bohren Sie die Löcher auf sechs Millimeter auf und schrauben Sie alles zusammen. Der Abstand der Bleche entspricht der Dicke des Quernutenstechers.

Nun kann das Werkzeug in den Tiefenbegrenzer eingeschoben und mit der Flügelmutter in der gewünschten Position fixiert werden. Jetzt ist das millimetergenaue Positionieren von Quernuten kein Problem mehr.

Fotos: Martin Adomat

So wird Unsichtbares sichtbar

Erst bohren, dann drechseln. Löcher quer zur Achse des Projekts kommen am besten ins Holz, solange es noch nicht rund ist. Doch diese Partien benötigen beim Drechseln besondere Aufmerksamkeit, damit das Eisen hier nicht ungewollt tiefer eintaucht. Leider sind die Bohrlöcher bei voller Drehzahl kaum mehr zu erkennen. Eine rundum verlaufende Bleistiftlinie „über" den Löchern löst dieses Problem.

Drechselpraxis

Das Werkzeugheft zeigt die perfekte Form

Längst nicht nur Drechseleinsteiger haben ihre liebe Mühe damit, eine Hohlkehle wirklich rund und somit harmonisch zu formen. Dabei hält der Drechsler das perfekte Hilfsmittel in der Hand: Die meisten Werkzeughefte für Drechseleisen sind gedrechselt und somit kreisrund. Zudem sind sie in ihrer Länge konisch gestaltet, denn der Werkzeuggriff hat an seinem Ende meist einen geringeren Durchmesser als in Eisennähe. Nimmt man nun den Werkzeuggriff und legt ihn bei stehender Maschine in die Hohlkehle, verschiebt ihn so weit bis das Heft in der Hohlkehle rundum anliegt, so kann die Hohlkehle überprüft werden. Dazu schaut man nun in den Spalt zwischen Hohlkehle und Werkzeuggriff. Wo der Griff anliegt, darf noch etwas weggenommen werden.

Für größere oder kleinere Hohlkehlen kann man sich natürlich auch ein konisches Rundholz in der passenden Größe herstellen, um eben auch diese Durchmesser abzudecken.

Natürlich will man beim anschließenden Schleifen die Form nicht wieder verlieren. Warum also den Werkzeuggriff nicht auch als Schleifklotz nutzen? Dazu wird das Schleifpapier um den Griff gelegt und dann die Hohlkehle präzise rund geschliffen.

Im Laufe der Zeit wird der Drechsler auf das Hilfswerkzeug verzichten können, da das Augenmaß durch kontinuierliche Übung besser und genauer wird.

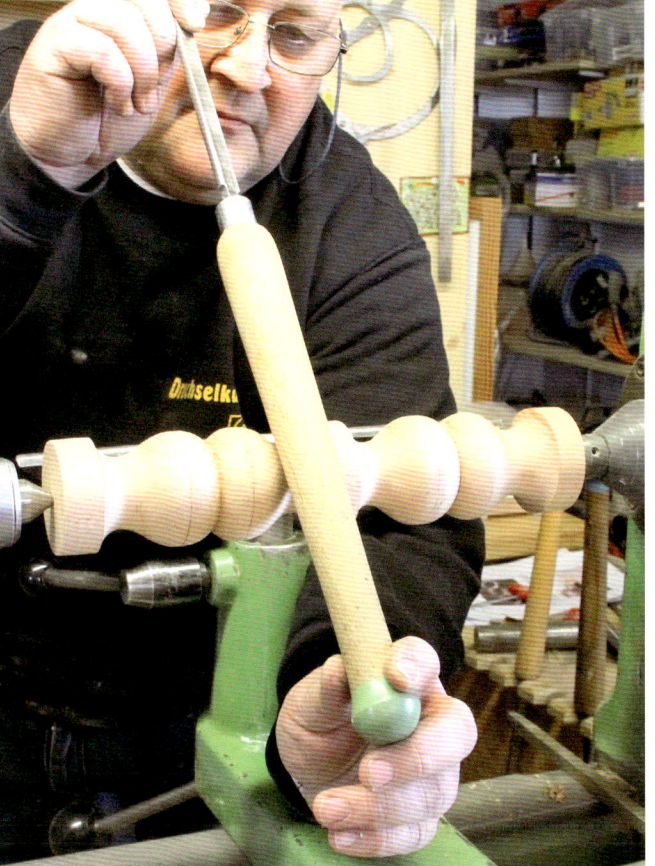

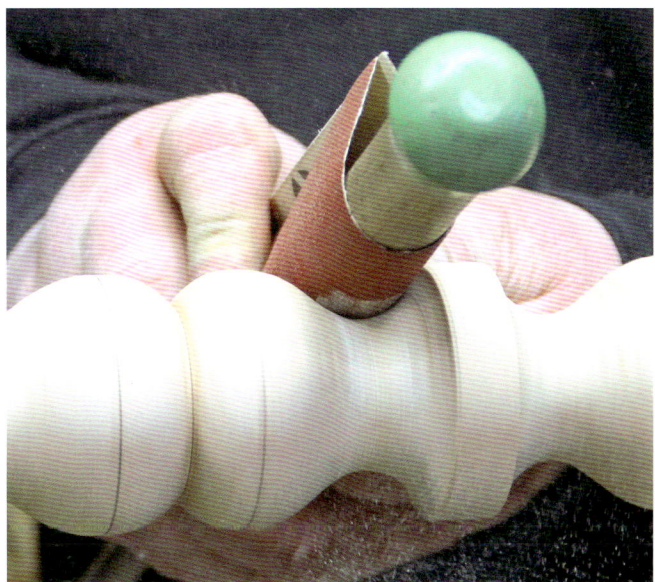

Fotos: Martin Adomat

Stuhlfilz rettet die Kugeln

Zum Fertigdrehen einer exakten Kugel ist ein Kugelfutter nötig, dass sich leicht selber drehen lässt. Damit die Kugel unbeschädigt in das Kugelfutter gepresst wird, muss die mitlaufende Körnerspitze entschärft werden. Dazu dient eine ebenfalls selbst gedrehte Holzkappe. Sie wird noch gepolstert. Perfekt dafür sind selbstklebende Stuhlfilze, die normalerweise an den Stuhlbeinen zur Schonung der Fußböden angeklebt werden.

Holz bleichen mit Wasserstoff

Helle Hölzer lassen sich problemlos mit 35-prozentigem Wasserstoff bleichen, um die natürliche Holz-Farbe etwas aufzuhellen und gleichzeitig beständiger gegen UV-Sonneneinstrahlung zu machen. Allerdings muss zum Wasserstoff ein kleiner Schuss Ammoniak zugegeben werden, damit die Bleichreaktion gestartet wird. Die Zutaten gibt es in der Apotheke. Aber Achtung! Unbedingt bei der Arbeit Schutzbrille und Gummihandschuhe (Latex) tragen und Abbeizpinsel aus Kunststoff (ohne Metallzwinge) verwenden.

Tipps und Tricks

Ansehnliche Strukturen herausbürsten

Zur Oberflächengestaltung gedrechselter Objekte bedient man sich gerne allerlei Bürsten. Bei Weichhölzern empfiehlt es sich, Nylonbürsten zu verwenden, sie geben ein weicheres Oberflächenmuster. Bei Harthölzern kann auch eine Messing- oder gar eine Stahldrahtbürste Anwendung finden. Bei Holz voller Gerbsäure wie Eiche darf kein unedler Stahl verwendet werden, weil die Säure mit dem Metall Flecken im Holz bildet!

Ringeisen schafft neue Möglichkeiten beim Schalendrechseln

Ist eine Schale im Verhältnis zum Durchmesser sehr hoch, stößt man mit der beliebten Querholzröhre (Schalenröhre) an die Grenzen des Machbaren. Meist kommt dann ein spandickenbegrenztes Aushöhlwerkzeug ins Spiel. Es könnte aber auch ein Haken oder Ausdreh-Ringwerkzeug sein. Generell gilt ja, der Drechsel-Haken ist ausschließlich für Stirnholz geeignet.
Das ist so nicht ganz richtig, der Haken lässt sich durchaus auch im Querholz verwenden. Allerdings benötigt er eine besondere Werkzeugführung und ist daher eher den fortgeschrittenen Drechslern zu empfehlen.
Es gibt allerdings einen sehr engen Verwandten zum Haken: das ist das Ausdreh-Ringwerkzeug. Da das Ringwerkzeug einen geschlossenen Schneiden-Kreis hat, ist die Gefahr des Einhakens wesentlich

Fotos: Martin Adomat

geringer als beim offenen Haken. Das Ringwerkzeug wird beidseitig angeschliffen, und zwar auf der einen Seite vom innen und der anderen von außen.
Das Werkzeug wird fast wie ein Haken verwendet. Allerdings ist die Arbeitsrichtung nicht wie beim Stirnholz von „innen unten" nach „außen oben", sondern genau anders herum. Der Weg des Rings in einer Querholz-Schale entspricht nämlich dem einer Schalenröhre, die von „außen oben" nach „innen unten" geführt wird. Das Werkzeug wird dafür von der Arbeitshand angelegt; die Hilfshand führt das Werkzeug wie eine Schalenröhre in die Schalenmitte. Mit etwas Übung kommt man so zu einer sehr guten Linienführung und tollen Oberflächen-Ergebnissen in der Innenseite der Schale.

Ungewollte Spiralen im Langholz

Einsteiger im Drechseln wundern sich oft über eine ungewollte Spiral-Struktur, die auf Langholz über das ganze Werkstück auftritt. Ein Grund hierfür ist oft eine zu geringe Drehzahl. Außerdem deutet die Spirale auf eine zu geringe seitliche Bewegungsgeschwindigkeit hin. Es kann also helfen, das Werkstück auf höhere Touren zu bringen und das Werkzeug zügig zu bewegen.

Drechselpraxis

Günstiger Ersatz für Stifte-Pressen

Die meisten Schreibgeräte-Bausätze müssen bei der Endfertigung zusammengepresst werden.

Dazu kann man sich natürlich der im Handel erhältlichen Stifte-Pressen bedienen, aber bei geringerer Anzahl von Stiften lohnt die Anschaffung solcher Pressen meist nicht.

Es gibt aber noch andere Möglichkeiten, diesen Arbeitsgang sauber und ohne viel Aufwand zu erledigen.

In den meisten Werkstätten steht ein Bohrständer, der mit wenigen Handgriffen zur Stiftepresse umgebaut werden kann. Dazu dreht man ein hartes Rundholz mit dem Durchmesser der Bohrmaschinenaufnahme. Ein Ende des Rundstabes wird konisch und stirnseitig rechtwinklig gedreht. Dieses Rundholz wird in der Aufnahme für die Bohrmaschine geklemmt. Auf den Bohrtisch legt man ein sauberes Brettchen als Unterlage und so erhält man eine brauchbare Presse.

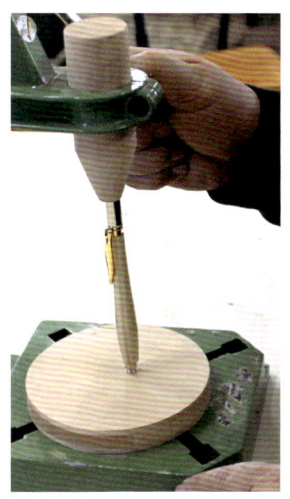

Fotos: Martin Adomat

Auch aus einer Drechselbank selbst kann man eine brauchbare Stifte-Presse bauen.

Dazu nimmt man im Drechselfutter ein Stück Holz auf und dreht es Plan, am besten sogar mit einer kleinen Vertiefung zur Aufnahme des Stiftes.

Auf die Reitstockspitze kommt eine selbst gedrehte Kappe, die über die Reitstockspitze geschoben wird. Auch sie hat eine kleine Vertiefung für den Stift. So kann dieser axial aufgenommen werden. Mit dem Handrad des Reitstockes lässt sich der Stift nun sehr feinfühlig zusammenpressen.

So korrigieren Sie Fehler planvoll

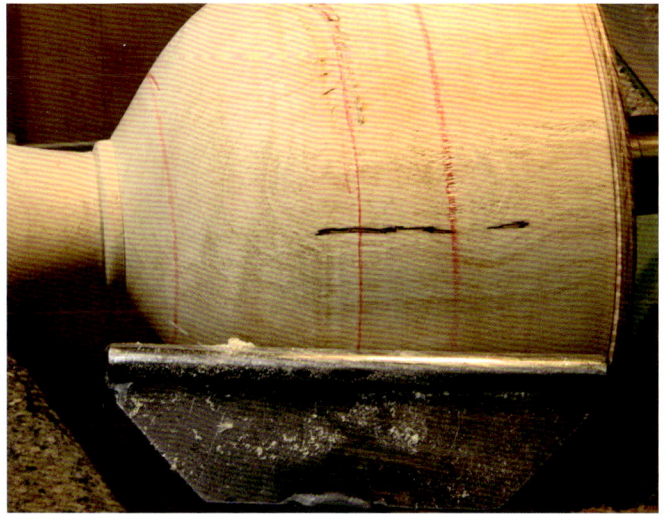

Fotos: Andreas Duhme

„Kraacks" – und schon ist es passiert. Beim Drechseln kann eine falsch angestellte Röhre oder ein einhakender Meißel tiefe Wunden ins Holz reißen. Sie müssen dennoch nicht gleich die angestrebte Formenkurve abschreiben. Stattdessen ist planvolles Vorgehen gefragt: Grenzen Sie die Schadstelle links und rechts großzügig mit einer deutlichen Linie ein. Nur in diesem Bereich wird korrigiert – und zwar von den Grenzen aus sachte immer tiefer arbeitend. Schneiden Sie abwechselnd von der linken und von der rechten Linie jeweils bis zum Tiefpunkt des Schadens, bis auch die letzte Spur ausgemerzt ist. Dabei nimmt das Werkzeug bei den letzten Zügen nur noch sehr wenig Holz ab. Wenn es gut läuft, behält die Werkstückkontur auf diese Weise eine gleichmäßige, harmonische Form. Und ist der Schaden nicht zu tief, müssen angrenzende Profilbereiche nicht angepasst werden. Und wenn doch – gehen Sie es planvoll an.

Tipps und Tricks

Gleichmäßige Rillenmuster

Jeder kennt die Schwierigkeit, einen gedrechselten Gegenstand mit einem gleichmäßigen Rillenmuster zu versehen. Besonders an bauchigen Stellen sind die gleichmäßigen Abstände schwer anzuzeichnen. Findige Drechsler bedienen sich alter Sägeblätter, die es in unterschiedlichen Zahnteilungen gibt. Auf das rotierende Werkstück gedrückt, zeichnen diese ein gleichmäßiges Rillenmuster, das einfach nachgestochen wird. Bei gewölbten Formen rollt man das Sägeblatt einfach ab.

Auf der Suche nach dem verlorenen Mittelpunkt

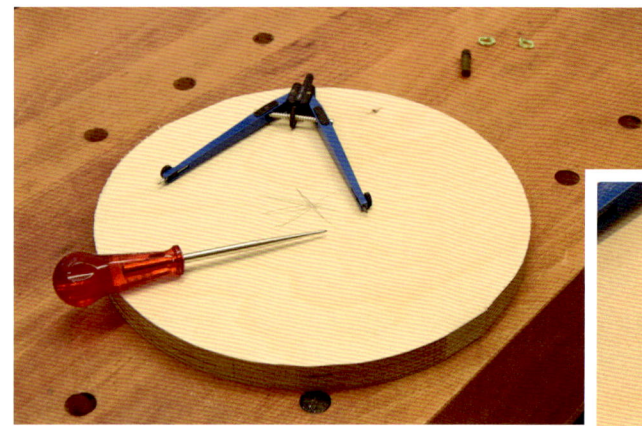
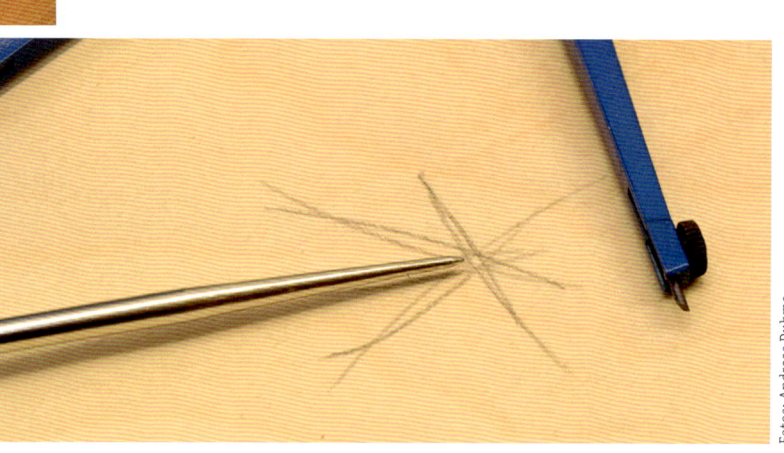

Der Kreis ist perfekt zugeschnitten oder gedrechselt – nur ist leider der Mittelpunkt verloren gegangen, weil Sie das Anzeichnen vergessen haben oder weil er beim Schleifen verlorenging? Das ist ärgerlich, denn die Position des Zentrums ist oft unabdingbar für die nächsten Schritte. So können Sie den Mittelpunkt einer Scheibe aber dennoch wiederherstellen:

Stellen Sie dazu ein Streichmaß oder einen Zirkel auf den (geschätzten) Radius plus einen Millimeter Übermaß ein. Reißen Sie jetzt vom Kreisrand aus mindestens dreimal Richtung Mitte an. Ist das Maß richtig eingestellt, bilden die Striche ein Vieleck, das immer mehr einem kleinen Kreis gleicht. Liegen sie nah genug beieinander, wird dieser Kreis zu einem Pünktchen – da ist er, der gesuchte Mittelpunkt!

Farbe schützt vor Schmerzen

Bei größeren Drechsel-Objekten ragen die Spannzangen stets rundum aus dem Backenfutter heraus. Leider sind die Teile bei voller Drehzahl kaum zu sehen. Ein Fingerkontakt mit ihnen wird dann zur schmerzhaften Überraschung. Besser sichtbar werden die Zangen, wenn Sie die überstehenden Bereiche knallrot einfärben. Dann ist es leichter, auch bei kniffligen Situationen die Finger in ausreichendem Abstand zu halten.

Schrankfüße schonend drechseln

Schrankfüße sind häufig dort, wo sie an den Schrank geleimt werden, kleiner als das Schraubenfutter. Eine scheibenförmige 6-mm-Sperrholzplatte, zwischen das Futter und den Schrankfuß gelegt, verhindert den Kontakt des Drechseleisens mit dem Schraubenfutter. Und: Nach dem ersten Durchgang dient die Platte als Maßschablone für den Durchmesser oben an den weiteren Füßen.

Drechselpraxis

Gleichseitiges Dreieck kommt aus einem Sechseck

Gelegentlich stehen wir hier bei HolzWerken auch auf dem Schlauch. Wie neulich, als Drechslermeister Martin Adomat für einen Videodreh bei uns hereingeschaut hat. Eines seiner tollen Projekte: eine dreikantige Dose. Der Film wird im Laufe der nächsten Zeit online auf www.holzwerken.net zu sehen sein. Die Basis der (von oben gesehen) dreikantigen Dose besteht aus einem gleichseitigen Dreieck. Martin Adomat begann beim Anreißen auf dem Holz aber immer mit einem Sechseck. Es hat etwas gedauert, bis der Groschen bei uns fiel, denn den grundlegenden Geometrie-Trick kannten wir schlicht nicht. Ein gleichseitiges Dreieck lässt sich sehr leicht über seinen Umkreis und ein darauf liegendes Sechseck konstruieren:
Zeichnen Sie einen Kreis mit beliebigem Radius. Lassen Sie den Radius unverändert, stechen Sie an einem beliebigen Punkt auf dem Kreis ein und schlagen Sie einen Bogen. Am Schnittpunkt wieder einstechen und so weiter, bis Sie den Kreis in sechs Schritten umrundet haben: Das Sechseck ist da und damit auch das gleichseitige Dreieck – wenn Sie einen der Punkte mit seinen zwei übernächsten Nachbarn verbinden.
Und wenn das gleichseitige Dreieck eine bestimmte Seitenlänge haben soll? Kein Problem: Der Kreisradius ist immer gleich der gewünschten Strecke geteilt durch die Wurzel aus 3 (also 1,73). Beispiel: Ein gleichseitiges Dreieck mit 20 cm Seitenlänge entsteht nach der beschriebenen Methode aus einem Kreis mit einem Radius von gerundet 20/1,73 = 11,8 Zentimetern. Probieren Sie es aus!
Das Video dazu gibt es kostenlos auf HolzWerken TV:
www.vinc.li/Dose

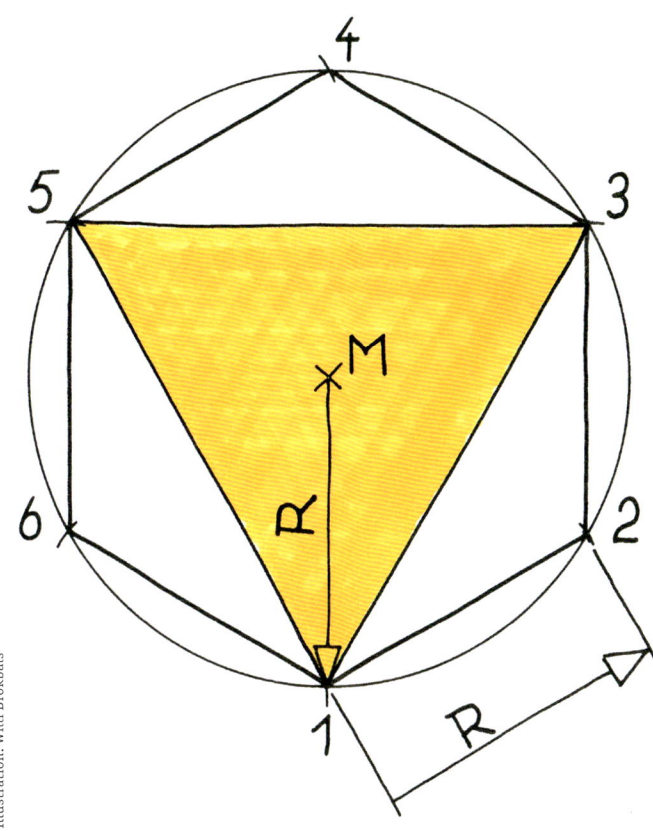

Illustration: Willi Brokbals

Kartoffel hält den Sekundenkleber fern

Bei der Herstellung von Schreibgeräten müssen meist Messingröhrchen in gebohrte Rohlinge geklebt werden. Dass sich das Röhrchen nicht ungewollt mit Kleber füllt, verhindert eine zentimeterdicke, rohe Kartoffelscheibe. Das Röhrchen wird auf die Kartoffelscheibe gedrückt – der Kartoffelpfropfen verschließt es so zuverlässig. Das Röhrchen muss dann vor der Verklebung außen noch mit Spiritus gereinigt werden. Der Pfropfen wird sofort nach der Verklebung wieder aus dem Röhrchen gezogen.

Der Schaber geht auch in die Tiefe

Aushöhlen tief im Inneren einer Schale läuft klassisch über das immer tiefer gehende Hineinarbeiten mit einer Schalenröhre. So tastet man sich auch immer näher an die gewünschte Innenform heran. Aber auch mit einem frisch geschärften, geraden oder runden Schaber kann die Masse des Holzes aus dem Innenraum entfernt werden. Dazu dient ein höchstens 20 mm breiter Schaber, der wie immer „hängend" eingesetzt wird, der also vom Heft über die Auflage bis ins Holz leicht nach unten weist. Er berührt das Holz auf Höhe der Drehachse und wird mit dosierter Kraft achsparallel ins Werkstück geschoben. Dabei sollte stets maximal die Hälfte der Schaber-Breite tatsächlich ins Holz greifen. Mit einem geraden Schaber legen Sie sozusagen eine Treppe an, die von außen nach innen immer tiefer wird. Mit einem halbrunden Werkzeug können Sie auch seitlich von der Mitte zum Schalenrand arbeiten, mit etwas Übung gelingt so auch schon die komplett ausgeformte Innen-

Foto: Andreas Duhme

seite. Die Schabertechnik belastet das Holz stärker als ein durchgehender Schnitt einer Schalenröhre. Bei einem sehr dünnen Schalenboden ist sie nicht geeignet.

Tipps und Tricks

Kleinteile schleifen wie von Geisterhand

Kleine Teile aus Holz zu schleifen ist eine Qual. Wer sich mit dem Bau von Spielzeug oder anderen kleinteiligen Dingen beschäftigt, kann davon ein Lied singen! Sie können die Drechselbank die Arbeit erledigen lassen, sofern Sie eine haben. Sie brauchen dazu eine Trommel, möglichst viele Fetzen Schleifpapier oder -leinen gleicher Körnung und etwas Multiplex. Als Trommel eignet sich perfekt eine dieser großen Dosen, in denen Salate, Weingummi oder anderes Zuckerzeug angeboten wird. Weil diese Dosen durchsichtig sind, können Sie das Geschehen im Inneren gut verfolgen. Schrauben Sie die Dose auf eine Grundplatte, die Sie passend für die Aufnahme im Spannfutter geformt haben. Befestigen Sie die Platte bewusst zwei, drei Millimeter außermittig, damit im Inneren viel Tumult entsteht. Dort bringt ein Rührarm noch mehr Durcheinander. Ziel ist es, Schleifmittel und Holzteilchen ständig aneinander vorbeireiben zu lassen, bis das Holz glatt ist. Je nach Füllung kann das Schleifen schon eine halbe Stunde oder länger dauern. Wählen Sie die Drehzahl so gering, dass die zu schleifenden Teile nicht durch die Zentrifugalkraft nach außen gedrückt werden. Hier im Bild sind es gerade 54 Umdrehungen pro Minute.

Gefangene Ringe

Erfolg nur auf Spindelhöhe

Der gefangene Ring ist immer noch eine sehr beliebte Drechseltechnik. Er ist sowohl bei Drechslern wie auch bei den meisten Betrachtern ein gern gesehenes „Anhängsel" an einem Projekt. Drechsel-Laien suchen natürlich immer noch nach einer Klebestelle, denn der Ring muss ja auf irgendeine Art und Weise an das Projekt gekommen sein! Für den Drechsler ist neben dem geeigneten Werkzeug eigentlich nur auf eines besonders zu achten: Der Ring muss unbedingt auf Spindelmitte abgetrennt werden, dann ist der Erfolg schon fast garantiert. Ansonsten kann der Ring beim Freidrehen zerbrechen.

Bei einem gefangenen Ring unbedingt auf Spindelmitte arbeiten, dann klappt's bestimmt.

Farbe auf der Schalenröhre

Wie tief ist zu tief? Bei einer Schale ist das Wissen entscheidend. Drechseleinsteiger können sich die Schalenröhre mit einem feinen Filzschreiber präparieren: Messen Sie, wenn die Außenform fertig ist, die maximal zulässige Innentiefe. Diese tragen Sie dann auch auf Ihrer Schalenröhre an. Halten Sie dann bei stehender Maschine das Werkzeug achsparallel in das Werkstück, und Sie sehen, wie viel Holz Sie noch entfernen können.

Leihgabe aus der Auto-Werkstatt

Wird grünes Holz auf der Drehbank bis zum Schleifen verarbeitet, kann es sehr schnell zu Problemen kommen. Selbst das gröbste Schleifleinen setzt sich im Nu zu, von feinem ganz zu schweigen. Aber warum nicht mit nassem Schleifvlies schleifen? Der Autozubehörhandel ist da eine wahre Fundgrube. Sämtliche Elektroteile sowie der Motor müssen aber peinlichst gegen Feuchtigkeit geschützt werden und das Bankbett sollte nach getaner Arbeit mit Fett oder Öl behandelt werden.

Drechselpraxis

Astschnittzeit ist immer auch Pilzzeit

Für den Drechsler ist eigentlich immer Zeit der Pilze, da sich Zierpilze nicht nur einer großen Beliebtheit erfreuen. Sie sind auch recht schnell hergestellt und das Rohmaterial – nämlich Astabschnitte – ist überall zu finden. Ob Herbstschnitt oder Frühjahrsschnitt, hier findet der Drechsler die schönsten Ziersträucher wie Goldregen, Flieder oder Eibe, die sich wunderbar für diese Arbeiten eignen. Statt mit Spezialwerkzeugen kann der Pilzkopf übrigens auch mit der spitzen Seite des Meißels hinterstochen werden.

Bohrloch zeigt Drechselstopp an!

Ein Bohrloch im Schalenrohling kann ein Durchdrechseln verhindern. Außerdem erspart man sich eine Menge Kontrollmessungen während des Drechselns. Vor dem Aufspannen des Rohlings wird zentrisch ein Loch gebohrt, das in seiner Tiefe nahe an den inneren Schalengrund heran kommt. Ist das Bohrloch zu Ende, bedeutet das: Stopp!

Das passende Maß für den Schalenfuß

Die Frage nach der richtigen Proportion schwingt bei Holzarbeiten stets mit. Bei Schalen ist das richtige Verhältnis von Fuß zu Hauptkörper gleich doppelt wichtig: Erstens muss die Schale kippelfrei stehen, auch wenn sie mal nicht ganz gleichmäßig gefüllt ist. Zweitens muss sie noch ausgewogen anmuten. Eine Daumenregel: Der Fuß sollte nicht weniger als ein Drittel des Schalendurchmessers messen und nicht mehr als dessen Hälfte.

Spannbacken vor direktem Kontakt schützen

Falls das Holz zu rosten scheint
Beim Drechseln von Nassholz entstehen dort, wo das Holz am Rezess mit dem Spannfutter direkt in Berührung kommt, oft hässliche schwarze Flecken. Diese Flecken bilden sich durch die im Holz enthaltene Gerbsäure. Das gilt im besonderen Maße für Eiche und auch für Kastanie. Zusammen mit der Feuchtigkeit aus dem Holz kommt es zur Korrosion und es entstehen Rostflecken. Da diese aber im ungünstigen Fall einige Millimeter in das Holz eindringen können, sind sie durch Schleifen später kaum mehr zu beseitigen. Besser ist es, den Kontakt zwischen nassem Holz und blankem Stahl direkt zu vermeiden. Wer sehr oft Nassholz drechselt, kann zum Beispiel die Spannbacken des Drechselfutters verchromen lassen. Eine einfache, provisorische Lösung des Problems ist Tesafilm: Bei einem angedrechselten Außenrezess tragen Sie rundherum ein oder zwei Lagen des Streifens auf. Klebebänder dieser Art halten übrigens immer am besten, wenn sie auf sich selbst kleben können, also mindestens eine volle Runde plus Überlappung wickeln. Das Umwickeln des Holzes ist bei einem Innenrezess nicht möglich. Hier kommt das Klebeband außen auf die Spannbacken. Der Film ist so extrem dünn, dass er keinen negativen Einfluss auf die Rundlaufgenauigkeit hat. Er dichtet aber zuverlässig gegen Feuchtigkeit aus dem Holz ab und es kann so zu keiner Korrosion kommen.

Schwarze Verfärbungen wie hier am Rezess der Schale lassen sich durch geschickt platzierten Tesafilm ausschließen.

Tipps und Tricks

Genialer Trick aus dem Erzgebirge

Verleimen ganz ohne Schraubzwingen
Kleinere Leimarbeiten zum Beispiel an gedrechselten Figuren kann man sehr gut ohne Schraubzwingen erledigen. Die zu verleimenden Flächen müssen dazu staub- und fettfrei sein und natürlich plan zueinander. Auf eine der beiden Flächen gibt man handelsüblichen PVAC-Leim/Weißleim in ausreichender Dosierung auf. Sofort werden die zu verleimenden Teile mit den Händen aufeinander gepresst und in kreisförmiger Bewegung so lange aneinander gerieben, bis der Leim an den Seiten austritt und die kreisende Bewegung anfängt, zäh zu werden. Die zu verleimenden Stücke werden noch während der Reibung richtig positioniert, die kreisende Bewegung beendet und das verleimte Werkstück vorsichtig auf die Seite gelegt. Ruhen lassen, bis der Leim voll ausgehärtet ist. Auf diese Art werden im Erzgebirge die Figuren zusammengefügt und bei richtiger und ungestörter Aushärtung des Leimes hält die Verbindung absolut fest.

Kugel auf Abwegen

Ist eine gedrechselte Kugel richtig gut gelungen, rollt sie weg – und leider auch aus dem Regal. Der Drechsler kann jetzt auch einen passenden Sockel dazu drehen. Es geht aber auch einfacher: Die simpelste und dezenteste Lösung ist ein Gardinenring aus Holz, bei kleineren Kugeln ein passender O-Ring aus Gummi. Darin liegt die Kugel jeweils sicher und der Ring ist so gut wie nicht sichtbar.

Schifterschnitte machen es möglich

So gehen Rundstäbe in die Verlängerung
Sie benötigen einen Rundstab der länger ist, als er im Handel üblicherweise angeboten wird? In Zukunft ist das kein Problem mehr für Sie. Vorausgesetzt, Sie verfügen über eine Tischkreissäge mit Schiebeschlitten oder verschiebbarem Anschlag. Außerdem benötigen Sie vier Schlauchschellen passend zum Durchmesser des Rundstabes, etwas Leim und einen Schraubendreher für die Schellen. Auf der Kreissäge schneiden Sie die Enden der miteinander zu verleimenden Rundstäbe mit einem Winkel von ca. 12° an. Das entspricht einer Schnittlänge von etwa dem Fünffachen des Rundstabdurchmessers. Diesen Vorgang nennt man „Schiften". Dazu verwenden Sie auf der Kreissäge nach Möglichkeit ein scharfes Universalsägeblatt. Der so entstandene Schiftungsschnitt wird bei feinporigen Hölzern mittels grobem Schleifpapier aufgeraut. Besser geht es sogar noch, so vorhanden, mit einem Zahnhobel. Bei grobporigen Hölzern, wie Eiche oder Esche kann dieser Arbeitsschritt entfallen. Die so vorbereiteten Schnittflächen werden mit Weißleim (PVAC-Leim) beidseitig mager eingestrichen. Zu viel Leim lässt die Schnittflächen beim Verleimen gegeneinander verrutschen. Die vorbereiteten Schlauchschellen werden nun übergeschoben und, auf die Leimfläche, verteilt festgezogen. Nach Abbinden des Leimes können die Schellen wieder entfernt und die Verbindungsstelle verschliffen werden. Durch die lange schräge Leimfuge erhalten Sie bei sachgerechter Verarbeitung eine „wie gewachsene" Verbindung der Rundstäbe.

Drei Sprüher an der Drechselbank

Drei kleine Sprühflaschen (aus dem Kosmetikbedarf) sorgen direkt an der Drechselbank für zügiges Arbeiten: Nummer 1 enthält Wasser, um die Fasern vor dem letzten Schliff aufzustellen. Nummer 2 enthält Spiritus, um ungünstig gewachsene Stellen für den Moment aufzuweichen (ohne die Fasern aufzustellen). Nummer 3 enthält Maschinenöl, um das Bankbett und andere Teile stets mit einem feinen Schutzfilm bedeckt zu halten.

Trockenes Holz am Gewicht erkennen

Frisches Holz muss lange trocknen. Aber wann kann es verwendet werden? Sie können dies ganz ohne Messgerät feststellen: Wiegen Sie das Holz oder den fertig zugerichteten Werkstückrohling und vermerken Sie das Gewicht zusammen mit dem aktuellen Datum darauf. Wiederholen Sie diesen Arbeitsschritt von Zeit zu Zeit genau so. Zeigt sich schließlich keine Gewichtsveränderung mehr, kann das fertige Projekt gefahrlos in geheizte Wohnräume gestellt werden.

Drechselpraxis

Große Unwucht – kleine Drehzahl

Größere und unwuchtige Werkstücke sollten besonders sorgfältig auf einer geeigneten Drehbank (Stabilität und Gewicht) befestigt werden und die anfängliche Drehzahl zunächst sehr niedrig gewählt werden. Dann wird vorsichtig die Drehzahl erhöht (Riemen umlegen, elektronischer Drehzahlregler), bis kurz vor den Punkt, an dem das Werkstück zu vibrieren anfängt. Maximal sollte die Schnittgeschwindigkeit von zehn Metern pro Sekunde erreicht werden.

Beweisfotos verewigen die Werkzeugform

Gerade beim Anschliff von Hand verändern sich Form und Winkel von Drechseleisen manchmal unmerklich (und ungewollt). Einsteiger können sich die perfekte Form ihrer Werkzeuge von einem erfahrenen Drechsler einmal anlegen lassen. Dann werden die Werkzeuge von mindestens zwei Seiten fotografiert und die Bilder auf einem Blatt ausgedruckt. Dieses Blatt wird neben der Schleifstation aufgehängt und dient beim Nachschärfen der Kontrolle von Anschliff und Form.

Kleinteile-TÜV schützt Krabbler

Rasseln, Spielzeug, kleine Figuren können von Kleinkindern schnell verschluckt werden. Doch wie klein ist „zu klein"? Um selbst gedrechselte Teile zu überprüfen, fertigen Sie sich eine Lehre mit einem Loch mit 45 Millimeter Durchmesser. Alles was sich hier hindurch stecken lässt, kann für kleine Kinder durch Verschlucken gefährlich werden.

Heißer Kleber für kleine Probleme

Geht es ans Drehen kleinerer Gegenstände wie zum Beispiel diverse Nuss-Sorten, fehlt es oftmals an einem geeigneten Spannfutter um diese kleinen Gegenstände aufzunehmen. Eine gewöhnliche Heißklebepistole kann bei solchen Problemen hervorragende Dienste leisten. Auf ein entsprechendes Abfallstück wird nun das entsprechende Werkstück aufgeklebt und kann so bearbeitet werden. Genauso können auf diese Art und Weise auch kleine, exzentrische Werkstücke hergestellt werden.

Rillen färben ohne hässliches Verlaufen

Im Langholz werden zur Gestaltung gerne Rillen eingedrechselt. Farbig abgesetzt kommen sie oft erst richtig zur Geltung. Da dabei die Farbe tief ins Hirnholz eindringt, entstehen hässliche Einläufe. Abhilfe schafft ein vorheriges Auslackieren der Vertiefungen mit Klarlack. Wenn der getrocknet ist, kann mit der gewünschten Farbe lackiert werden. Der überschüssige Lack wird wieder abgeschliffen.

Ledige Astlöcher kann man füllen

Wenn bei einem astigen Werkstück ein Ast schon fehlt, kann man ganz einfach einen „Fremdast" einpassen. Ein „Fremdast" kann aus einem Stück Langholz oder aber auch aus einem trockenen echten Ast bestehen. Drechseln Sie das fremde Holz passgenau und leimen Sie es vor der endgültigen Fertigstellung in das Werkstück ein. Achten Sie bei der Holzauswahl auf eine passende Farbgebung.

Tipps und Tricks

Die Formel für die perfekte Kugel

Das Anfertigen einer Kugel als schönes Deko-Objekt ist der Traum vieler Drechsler. Doch das Gefühl für die richtigen Proportionen zu entwickeln, ist ein Weg mit vielen Frustmomenten. Gerade wenn es um große Kugeln mit 20 oder 30 Zentimetern Durchmesser geht, will man aber wegen des wertvollen Holzes kein Risiko eingehen. Hier ist eine Arbeitsweise, die das Kugeldrehen leichter macht, weil sie die Geometrie zu Hilfe nimmt:

Wie immer startet der Drechselvorgang mit einer Walze, die überall den gleichen Durchmesser bekommt. Der Rohling für eine große Kugel sollte mindestens sechs Zentimeter länger sein als die fertige Kugel. Ist die Walze gedrechselt, zeichnen Sie genau in ihrer Mitte bei laufender Maschine einen Strich: Das ist der Kugel-Äquator. Er wird während der ganzen folgenden Drechselarbeit möglichst nie von einem Eisen touchiert und verschwindet erst beim Schleifen. Messen Sie jetzt den Durchmesser der Walze am Äquator. Der ermittelte Wert wird halbiert und dann mit diesem Abstand vom Äquator links und rechts je eine weitere Linie aufs drehende Werkstück gebracht (Bild 1). Diese beiden Linien markieren die Polkappen der Kugel. Alles außerhalb dieses Bereichs wird entfernt, so dass nur zwei dünne Holz-Zipfel zwischen den Spitzen stehen bleiben. Der

Drechselpraxis

2

4

6

Umriss der Walze bildet nun ein perfektes Quadrat (Bild 2). Und geometrisch geht es weiter. Das nächste Zwischenziel im Umriss ist ein Achteck. Weil sich die Kantenlänge eines Achtecks stets in einem festen Verhältnis zu einem darin liegenden Kreis verhält, geht es mit einer Formel weiter: Der Äquator-Radius wird durch exakt 2,414 geteilt, so entsteht eine Hilfszahl. Zeichnen Sie diese Hilfszahl als Maß wieder links und rechts des Äquators auf den Rohling (Bild 3). Zeichnen Sie es außerdem an die Stirnseiten, und zwar als Abstand von der Außenkante hin zur Drehachse. Diese beiden Linien werden nun im nächsten Arbeitsschritt drechselnd miteinander verbunden: Fertig ist das geometrisch perfekte Umriss-Achteck (Bild 4). Nehmen Sie nun abermals die Hilfszahl und tragen Sie sie als Maß auf die gerade angedrechselten Flächen (Bild 5). Nun lassen sich die zwischen den Linien liegenden Spitzen entfernen und Sie nähern sich immer weiter einer perfekten Kugel (Bild 6).
Bei HolzWerken TV finden Sie hierzu auch ein kostenloses Video: www.vinc.li/Kugel

Tipps und Tricks

Dauerhafte Schablonen für perfekte Kugeln

Schablonen zur Herstellung gedrechselter Holzkugeln fertigt sich der Drechsler gerne aus einem Bierfilz. Dieser wird grob ausgeschnitten, an das rotierende Werkstück gedrückt und schleift sich dann mit einiger Rauchentwicklung selbst präzise ein.

Fertigt man des Öfteren Kugeln mit unterschiedlichen Durchmessern, kann man sich auch mit Sperrholz dauerhafte Ringschablonen fertigen. Dazu schneiden Sie aus planem 10-mm-Buchensperrholz Ringe mit steigenden Außendurchmessern aus, etwa: 70 mm, 90 mm, 120 mm, 180 mm, und so weiter. In diese bohren oder drechseln Sie Löcher mit 40 mm, 60 mm, 90 mm und so fort, so dass ein ausreichend breiter, umlaufender Rand von etwa zwei Zentimetern Stärke stehen bleibt. Die Bohrlochränder müssen möglichst scharfkantig bleiben, da sie zur Messung benötigt werden. Mit diesen Ringen können jetzt die von Hand gefertigten Kugeln auf ihre Rundlaufgenauigkeit geprüft werden.

Dazu legt man den Ring auf die gedrechselte Kugel und kann durch die Öffnung am unteren Rand des Rings sehr schön erkennen, ob die Kugel ringsum dicht anliegt und somit präzise rund ist. Dabei können mit einer Schablone Kugeln mit unterschiedlichen Durchmessern geprüft werden.

Natürlich ist die Messgenauigkeit größer, je näher der Innendurchmesser der Schablone sich dem der Kugel nähert, ohne ihn zu überschreiten.

Einfach schmeichelhaft

Handschmeichler werden von vielen Drechslern bis zu Körnung 2.000 geschliffen. Und doch geht es noch feiner. Mit Hilfe spezieller Schleifpasten für Holz lassen sich dann auch die allerletzten Spuren irgendeines Schleifpads beseitigen. Eine anschließend aufgebrachte Hochglanzpolitur, ähnlich einer Autopolitur, ergibt ein Ergebnis, welches nur noch Staunen hervorruft.

So geht Ihr Holz sicher in die Verlängerung

Oftmals hat man ein wunderschönes Stück Holz, das man in seiner ganzen Schönheit bearbeiten möchte: Es sollte kein Millimeter für Rezesse oder andere Spannarten verloren gehen.

Am besten leimt man daher etwas Restholz auf den Rohling. An dieses Hilfsholz können jetzt Rezess, Fuß oder andere Befestigungshilfen angedreht werden. Ist die Arbeit am Werkstück getan, kann das angeleimte Holz wieder entfernt werden. Dabei ist eine saubere, passgenaue Leimfuge unerlässlich, um eine haltbare Verbindung zwischen den Leimflächen zu gewährleisten.

Am besten verwenden Sie PU-Leime oder Montage-Kleber. Sie schäumen auf und füllen auch kleine Unebenheiten zuverlässig. Diese Leime brauchen unbedingt Druck. Wenn Sie die Leimflächen mit Wasser benetzen, härtet der Kleber schneller aus.

Halten Sie die Aushärtezeit des Klebers, die in der Gebrauchsanweisung angegeben ist, unbedingt ein. Sie laufen andernfalls Gefahr, dass sich das Werkstück bei der Bearbeitung von der Drehbank löst.

Finishing

Tipps und Tricks

Schleifpapier: Geheimnisvolle Zahlen

Korn für Korn, Zoll um Zoll
120, 180, 60, 240 „ die Beschäftigung mit Schleifpapier und anderen Schleifmitteln gleicht einer Nummernrevue. Doch was verbirgt sich hinter dem Zahlensalat bei der so genannten „Körnung"? Die Nummerierung hängt direkt mit der Produktion der Schleifmittel zusammen: Entscheidend für das Ergebnis ist schließlich die Korngröße – je kleiner, desto feiner. In der Fabrik wird das gemahlene Schleifmittel (zum Beispiel Aluminiumoxid für Holz) deshalb stufenweise gesiebt und so in Körnungsstufen unterteilt. Die Größe der Siebmaschen bestimmt dabei die Höhe der Körnungszahl. Angegeben wird die Körnung über die Zahl der Maschen im letzten Sieb, durch das ein Korn passt. Bezugseinheit ist dabei ein englisches Zoll (25,4 Millimeter): Passt ein Korn durch ein Sieb mit 60 Maschen pro Zoll und durch kein feineres, so entspricht es Körnung 60. Je tiefer es durch immer engere Siebmaschen fällt, desto höher steigt die Körnungszahl. Für die Holzbearbeitung wird in der Regel von Körnung 60 (sehr grob) bis Körnung 220 verwendet, die Abstufung erfolgt in 20- bis 30er Schritten. Lackschliffe werden mit 400 und höher erledigt. Metallschliff etwa für Werkzeuge kann sich leicht im fünfstelligen Körnungsbereich bewegen.

Die unterschiedlichen Korngrößen grober Schleifmittel lassen sich auch mit bloßem Auge gut erkennen.

Polyamid-Schleifgitter

Nassholz schleifen ohne lästiges Zusetzen
Wer kennt das nicht? Eine gerade fertig gestellte Schale aus Nassholz soll noch vor dem Trocknen geschliffen werden. Herkömmliches Schleifpapier ist da ungeeignet, es schmiert, setzt zu und wird dadurch unbrauchbar. Also mühsam per Hand schleifen?
Es gibt allerdings ein Schleifmittel, welches auch auf nassem Holz weitgehend problemlos angewendet werden kann. Unter dem Markennamen „Abranet" ist es im Fachhandel erhältlich. Sein Geheimnis: Papier, Karton oder Leinwand als Trägermaterial für das Schleifkorund wird hier durch ein feines Polyamidgitter ersetzt.

Unter Zuhilfenahme von klarem Wasser wird das Nassholz geschliffen, wobei der entstehende Schleifschlamm durch das Gitter gedrückt wird. So setzt sich das Schleifkorn nicht zu und kann optimal die Holzoberfläche bearbeiten. Das Schleifpad wird wieder im Wasser ausgewaschen. So kann beliebig fein geschliffen werden. Allerdings ist es sinnvoll, nur bis Körnung 220 zu schleifen. Der Rest wird auch hier am trockenen Stück erledigt. Dies geht am besten von Hand mit Schleifschwämmen in entsprechend feinen Körnungen.

Das Polyamid-Gitter verhindert das Zusetzen der Körner mit Abtrag, was bei Nassholzschleifen schnell auftritt.

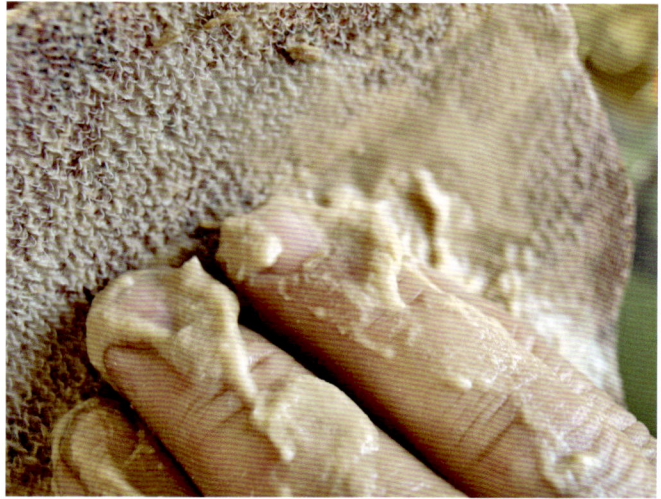

Der Schleifschlamm kann mit klarem Wasser immer wieder ausgespült werden.

Finishing

Körner-Schaden kaschieren

Aus Liebe zum Detail

Ist es zwingend erforderlich, ein Werkstück zwischen den Spitzen der Drehbank zu spannen, da beim fliegenden Drehen die Vibrationen zu groß würden, bleiben oftmals unschöne Abdrücke der mitlaufenden Körnerspitze. Um diesen Makel zu kaschieren, gibt es die unterschiedlichsten Tricks. Eine Möglichkeit besteht darin, das Werkstück wenigstens zum Schluss in einem geeigneten Futter fliegend aufzuspannen, eine Vertiefung stirnseitig einzudrehen und mit einem beliebigen Füllmaterial auszufüllen. Dieses Material kann sowohl flüssiger Natur sein (Cyanacrylat-Kleber (CA) mit Farbpartikeln und Harzen) oder aber Überreste von schönen Edelhölzern. Wer es ganz erlesen haben möchte, greife zu besonderen Materialien wie Koralle, Perlmutt oder Nüssen.

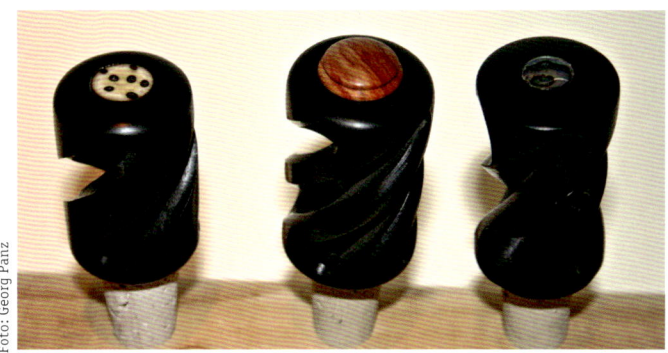

Einlegearbeit wie hier aus Uxi-Nuss, Rosenholz und Perlmutt in gewundenen Zierkorken lassen die Körner-Stelle elegant verschwinden.

Sicher schleifen ohne Gefahr für die Finger

Geschlitzter Stab hält Papier oder Leinen

Um Bohrungen und zylindrisch ausgedrehte Gefäße innen gefahrlos und einfach zu schleifen, kann man sich eines einfachen Rundstabes bedienen. Der Rundstab muss dabei im Durchmesser deutlich kleiner sein als die Öffnung in dem zu schleifendem Objekt. Die Länge des Stabes darf um gut eine Handbreit länger sein als die zu schleifende Tiefe am Werkstück. Der Rundstab wird mit der Bandsäge oder der Handsäge stirnseitig mittig aufgeschlitzt. In diesen Sägeschnitt stecken Sie mit einem Ende einen Streifen Schleifpapier und wickeln den Rest des Schleifpapiers um den Rundstab. Wichtig dabei: auf die Drehrichtung des Werkstückes achten, damit sich das Schleifpapier im Werkstück nicht abwickelt und dann klemmt. Jetzt kann die Bohrung von innen sauber geschliffen werden. Der Austausch von stumpfem Schleifpapier oder der Wechsel zu anderen Körnungen geschieht schnell und unproblematisch, da

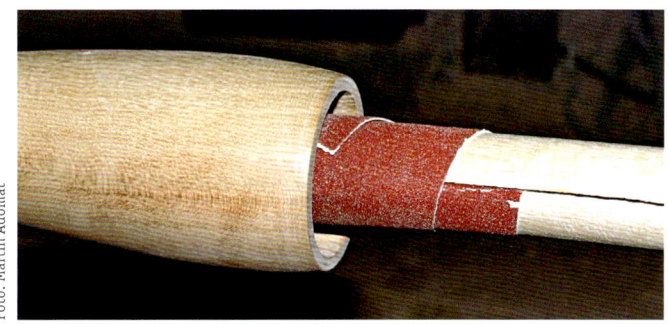

Fest im Schlitz verankert: Die einfache Schleifvorrichtung macht es unnötig, sich mit den Fingern ins Doseninnere vorzuwagen.

das Schleifpapier sich selbst auf dem Rundstab festwickelt und nicht zusätzlich befestigt werden muss.

Perlleim und Papier sorgen für Halt

Eine gute Möglichkeit, um Holz rissfrei zu trocknen, ist der Einsatz von Perlleim. Er wird mit Wasser angesetzt, auf das Holz aufgetragen und mit Zeitungspapier beklebt. Dieser Leim hinterlässt keinerlei Spuren auf dem Holz und wird daher gerne von Restauratoren als stilechter Leim mit einer langen Abbindezeit verwendet. Perlleim ist im guten Drechslerbedarfshandel zu bekommen.

Weiches Wachs, hartes Wachs

Kleine Fehler im Holz können mittels Weichwachsstangen ausgeglichen werden. Besser eignen sich allerdings Hartwachse, die erhitzt in die schadhafte Stelle eingetropft und nach Erkalten des Wachses eben geschliffen werden. Die Oberfläche ist stabil und hart und kann nicht mehr so leicht beim Reinigen des Objektes „ausgewaschen" werden wie bei Weichwachs. Hartwachse gibt es in vielen Farbvariationen im Fachhandel für Holzbearbeitung. Zum Erhitzen kann neben den speziell dafür angebotenen, aber recht empfindlichen Gasschmelzern auch eine einfache Lötpistole oder ein Lötkolben verwendet werden.

Tipps und Tricks

Tinte nicht nur zum Schreiben

Zum Färben von Rändern oder Verzierungen ist es angebracht eine Farbe oder eine Beize zu nehmen, die nicht verläuft und unbeabsichtigte Stellen einfärbt. Besonders schön wirkt hier die sogenannte „Indian Ink", bei uns bekannt unter indischer Tinte. Diese Tinte lässt sich sehr gut verarbeiten, sie verläuft nicht und dringt nicht so tief in das Holz ein wie zum Beispiel Beize. In Verbindung mit Öl ergibt es einen schönen Seidenglanz.

Holzbeizen mit selbst gemachtem Eisenessig

Den Räuchereffekt, wie er bei gerbstoffhaltigen Hölzern durch Bedampfen mit Ammoniak (Räuchern) erzielt wird, kann man ohne Aufwand für die Begasung imitieren. Dazu benötigt man etwas handelsübliche Essigessenz und möglichst feine Stahlwolle. Die Essigessenz und die Stahlwolle gibt man zusammen für ein paar Tage in ein Schraubglas. Die Essigessenz wird sich in dieser Zeit dunkelbraun verfärben. Diese Lösung wird durch ein Kaffeefilterpapier gefiltert um kleine Eisenpartikel zu entfernen. Auf gerbstoffhaltige Hölzer aufgetragen reagiert die Beize je nach Konzentration mehr oder weniger heftig und verfärbt das Holz dunkelbraun bis schwarz, fast identisch wie beim Räuchern des gleichen Holzes. Die Gerbstoffhaltigkeit des Holzes und die Zeit, in der die Stahlwolle in der Essigessenz rostet, sind entscheidend für das Beizergebnis.

Das richtige Harz ist entscheidend

Um Risse oder Holzfehler zu kaschieren, wird gerne auf eingefärbtes Harz zurückgegriffen. Entscheidend ist hier aber das richtige Harz. Da normales Gießharz gut erhältlich und leicht zu verarbeiten ist, wird es gerne verwendet. Das Problem: Gießharz auf Polyesterbasis geht mit vielen Holzsorten keine feste Verbindung ein. Das Ergebnis sind wieder Risse, die nur sehr schwer wieder auszufüllen sind. Epoxydharz dagegen verklebt Holz unzertrennlich und dauerhaft.

Korrosionsschutz fürs Holz

Wenn es darum geht Hölzer entsprechend zu behandeln, dass sie wasserfest werden oder sogar witterungsresistent, wird der Kreis der Oberflächenbehandlung immer enger. „Les Tonkinoise" auf Basis der chinesischen Tung-Nuss ist eine Möglichkeit, Holz absolut wasserdicht zu machen. Der Hersteller garantiert nach mehrmaligen Anstrich absolute Wasserfestigkeit. Das Produkt trocknet in Hochglanz aus.

Helle Akzente durch Bleichen

Was bei Haaren funktioniert, klappt auch bei Holz. Um Holz zu bleichen nehme man einfach Wasserstoffsuperoxyd. Diesen Stoff bekommt man nach Unterschrift, das technische Merkblatt zur Kenntnis genommen zu haben, in jeder Apotheke. Dies hat einen guten Grund, Wasserstoffsuperoxyd selbst in der handelsüblichen 30-prozentigen Ausführung ist stark ätzend. Das Tragen von Gummihandschuhen und Augenschutz ist also der erste Schritt zum persönlichen Schutz. Aufgepinselt, flächendeckend oder partiell, wird das Holz stark aufgehellt, ohne das dadurch die Holzstruktur verloren geht.

Finishing

Hitziges Schleifen führt zu Rissen

Nach dem Drechseln werden die Werkstücke auf der Drehbank in aller Regel geschliffen. Doch Vorsicht: Hierbei können durch übertriebenen Eifer Risse am Werkstück entstehen und dieses zerstören.

Dafür gibt es drei Gründe, die alle mit der Temperaturveränderung im Holz zu tun haben:

1. Der Druck, mit dem das Schleifpapier auf das Werkstück gepresst wird, ist zu hoch. Dadurch entsteht an der Oberfläche eine extreme Hitze, die die Restfeuchte im Holz schlagartig verdampfen lässt. Durch die blitzschnelle Trocknung entsteht eine hohe Spannung im Holz und die Oberfläche reißt auf.
2. Verwendet man stumpfes Schleifpapier, ist ebenfalls mit einer erhöhten Oberflächentemperatur zu rechnen. Hinzu kommt oftmals, dass man wegen des verminderten Abtrags des stumpfen Schleifmittels oft intuitiv den Anpressdruck erhöht. Damit verdoppelt sich das Problem, die Schale erhitzt sich und kann reißen. Daher immer scharfkantiges Schleifpapier verwenden.
3. Eine zu hohe Drehzahl beim Schleifen führt ebenfalls zu einer übermäßigen Erwärmung des Werkstückes. Der oft gesehene Griff zum Drehzahlregler, wenn es ans Schleifen geht, kann hier zum Problem werden. Die Schleifdrehzahl sollte nicht höher liegen als die Drehzahl beim Drechseln selbst.

Ärgerlich: Im allerletzten Arbeitsgang, dem Schleifen, bekommt eine sorgsam gedrechselte Schale einen Riss.

Fazit: Mit mäßigem Druck bei mäßiger Drehzahl (Schleifdrehzahl = Drehzahl beim Drehen) das scharfe Schleifpapier mit ständiger Bewegung über das Werkstück führen. Das steigert die Temperatur im Holz nur sehr mäßig und bändigt die Gefahr der Rissbildung.

Mit etwas Pech wird Holz wasserdicht

Wie bekomme ich die gerade gedrechselte Blumenvase oder das neue Trinkgefäß so dicht, dass weder das Holz noch der Tisch nass werden? Diese Frage stellt sich vielen Drechslern.

Die Antwort ist: Fasspech. Es wird zum Auspechen von Bierfässern aus Holz verwendet, deshalb ist es auch optimal zum Abdichten von Trinkgefäßen geeignet. Dieses aus Baum- und Pflanzenharzen bestehende Material gibt es, in Brocken abgepackt zu je einem Kilogramm, im Handel zu kaufen. Das Pech ist nach dem Auftrag so flexibel, dass es die Bewegungen im Holz mitmacht. Es gibt neues Fasspech mit der Farbe Honiggelb und bereits gebrauchtes Fasspech in Dunkelbraun. Beide werden mit der gleichen Methode verarbeitet.

Zunächst muss das Fasspech auf 180° erhitzt werden. Dazu eignet sich am besten eine Induktionskochplatte, bei der man die Temperatur genau einstellen kann. Bei einer herkömmlichen Kochplatte hat das Pech dann die richtige Temperatur, wenn die Oberfläche im Topf zu simmern beginnt.

Wichtig für die Sicherheit: Fasspech ist brennbar, daher darf kein offenes Feuer im Raum sein. Und: Schützen Sie Körper, Arme, Hän-

de und Gesicht vor äußerst schmerzhaftem Kontakt zum heißen Pech. Das flüssige Fasspech wird mit einem Schöpflöffel in das Gefäß gegossen. Zügiges Drehen verteilt das heiße Material im Inneren, der Überschuss wird wieder in den Topf gegossen. Der Vorgang kann beliebig oft wiederholt werden. Beim Erkalten wird das Fasspech hart. Das Weißbierglas (pardon: -holz) ist dicht und kann benutzt werden. Prost!

Empfindliche Hölzer schleifen

Beim maschinellen Schleifen mit Schleifteller und Bohrmaschine kommt es bei empfindlichen Hölzern wie zum Beispiel Kirsche oder Pflaume oftmals zu Brandspuren auf dem Werkstück. Hier hilft nur eins: frisches Schleifleinen benutzen, wenig Druck und sanftes Hin- und Herbewegen des Schleiftellers.

Tipps und Tricks

Klettende Schleifhilfe verschont die Finger

Enge gedrechselte Dosen schleift man innen besser nicht mit dem Finger – die Verletzungsgefahr ist einfach zu groß. Mit wenigen Hilfsmitteln kann eine effektive Schleifhilfe selbst hergestellt werden.

Sie benötigen dazu einen Rundstab (Durchmesser: etwa 2/3 der zu schleifenden Öffnung oder kleiner), selbstklebendes Klettband aus dem Baumarkt und ein Schleifmittel mit Kletthaftung.

Das Klettband wird nun spiralförmig um den Rundstab geklebt und am oberen Ende bündig abgeschnitten. Jetzt kann das zu zwei Zentimeter breiten Streifen geschnittene Schleifmittel spiralförmig auf die Schleifhilfe aufgewickelt werden. Dabei ist zu beachten, dass der Streifen am Stab liegt, dass es beim Schleifen nicht wieder durch die Reibung des Werkstückes abgewickelt wird.

Der Vorteil der Schleifhilfe mit Klettband ist, dass das Schleifmittel leicht federnd haftet und die Schleifwirkung optimal ist.

Es ist lediglich darauf zu achten, dass der Anpressdruck beim Schleifen nicht zu hoch wird. Denn entsteht beim Arbeiten zu viel Hitze, können die feinen Widerhaken der Klettverbindung schmelzen, dadurch wird die Schleifhilfe unbrauchbar.

Sekundenkleber macht Schreiber edel

Da Schreibgeräte einer besonders hohen Beanspruchung unterliegen, muss die Oberflächenbehandlung sehr widerstandsfähig sein. Dafür eignen sich hochwertige DD-Lacke, die aber in ihrer Verarbeitung sehr anspruchsvoll sind. Hervorragend eignet sich aber auch Cyanacrylat, also Sekundenkleber.

Mit Einweghandschuhen ausgerüstet, trägt ein Finger zunächst einen sehr dünnflüssigen Kleber als Grundierung auf die rohe Holzoberfläche auf. Danach folgen Zug um Zug sechs bis acht Schichten. Zwischen jedem Auftrag muss der Kleber vollständig aushärten. Dies kann durch vorsichtiges Benebeln mit Härter beschleunigt werden. Aber Vorsicht! Bei zu viel Härterauftrag schäumt der Kleber auf und muss vollständig wieder abgeschliffen werden.

Sind alle Schichten fertig, geht es ans Schleifen: Beginnen Sie mit Körnung K240, bis die Oberfläche vollkommen ebenmäßig ist. Jetzt wird weitergeschliffen mit K400-600-1.000 und dann in Tausender-Schritten bis zur Körnung K12.000. Es darf nie zu viel Wärme entstehen, denn dann kann die Oberfläche reißen. Autopolitur verleiht dann den letzten Glanz.

Bei Oberflächen mit Sekundenkleber erreicht man hohe Schichtdicken, die beim Herstellen des Stiftes berücksichtigt werden müssen. Hier sind einige Versuche vorab sinnvoll.

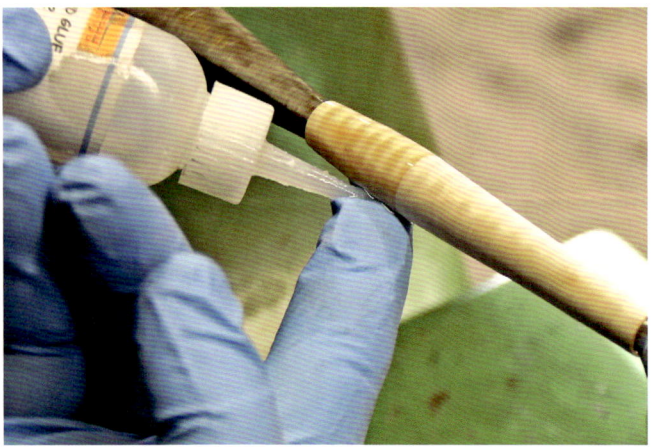

Finishing

Poliereffekte ganz einfach vergrößern

Der Einsatz einer Schwabbelscheibe mit einem geeigneten Poliermittel bringt gedrechselte Objekte richtig glänzend heraus. Durch die kreisenden Bewegungen wird der Glanz aktiviert. Wichtig dabei ist, dass die Bohrmaschine mit der eingespannten Schwabbelscheibe gegen die Richtung der Drechselbank dreht. So treffen die Fasern der Scheibe und das Holz mit sehr großer Geschwindigkeit aufeinander, das bringt den Hochglanz.

Bindet den Staub sofort: Schleifen mit Öl

Das Schleifen auf der Drechselbank ist die wohl staubigste Angelegenheit in der ganzen Werkstatt. Denn am rotierenden Werkstück lässt sich schlecht absaugen und das Staubaufkommen ist auch noch sehr hoch. Dabei gibt es eine sehr einfache Lösung, wenn Sie das Werkstück später mit Öl behandeln wollen: Tragen Sie das Öl bereits beim Schleifen auf, und zwar schon ab der gröbsten Körnung. Das Öl bindet den Schleifstaub sehr effektiv, fast nichts wabert mehr durch den Raum. Natürlich setzt sich das Schleifpapier schnell zu, aber es lässt sich ebenso schnell wieder ausklopfen. Noch besser geht es mit Schleifgittern, die es längst auch für den Handschliff gibt. Die Öl-Staub-Klümpchen fallen einfach heraus. Ein wenig Schleifschlamm setzt sich auch in die Poren des Holzes und verfüllt diese – ein durchaus gewünschter Effekt. Und entgegen anderslautender Unkenrufe fällt der getrocknete Staub auch über die Jahre nicht wieder heraus. Schleifen in Öl – eine saubere Sache.

Finger weg von der Schleifscheibe

Kleine Teile wie gedrechselte Figuren müssen bisweilen am Teller- oder Bandschleifer bearbeitet werden. Das bedeutet Gefahr für die Finger. Abhilfe schafft ein mit starkem doppelseitigem Teppichklebeband bestücktes Stück Holz, auf dem das kleine Werkstück befestigt wird. So kann das Werkstück ungefährdet an Schleifscheibe oder -band bearbeitet werden. Sollte sich dennoch das Stück vom Hilfsholz lösen sind die Finger weit genug weg und in Sicherheit.

Details schleifen mit einer Mini-Rolle

Für den Dremel und artverwandte Geräte gibt es kleine Schleifröllchen, mit denen sich Details an Objekte anformen lassen. Bei diffizilen Schleifarbeiten wie etwa der Ausformung der Krone eines gedrechselten Schachkönig sollte das Werkstück mit beiden Händen und zudem abgestützt geführt werden. So kann man aber keinen Dremel halten … Die Lösung ist eine kleine, selbst gedrechselte Aufnahme für die Schleifrolle. Sie lässt sich einfach ins Spannfutter aufnehmen; ein kleiner Falz sorgt dafür, dass das Plättchen rundum auf den Backen aufliegt. Der kleine Aufnahmezapfen passt zum Innendurchmesser der Schleifrollen und hat dahinter eine Verdickung, damit das Papierchen nicht durchrutscht.

Das Detailschleifen kann nun mit beiden Händen erfolgen, abgestützt auf das Handauflagenunterteil.

Tipps und Tricks

Schleifleinen von Verstopfung befreien

Verstopftes Schleifleinen verliert schnell seinen Biss. Das bedeutet aber nicht, dass es gleich reif für die Tonne ist. Dafür sind die Schleifstreifen auch in der Regel zu teuer. Im Handel gibt es zum Reinigen praktische Gummiklötze, die den Platz zwischen den Schleifkörnern frei räumen. Als Alternative eignet sich auch sehr gut eine geknüllte Plastiktüte oder Reststücke von Bodenisolationsmatten aus Kunststoff. So lässt sich das Leinen gleich noch einmal einsetzen.

Schleifkorund macht Beitel stumpf

Wenn man nach dem Schleifen feststellt, dass das Werkstück in der Form noch nicht passt, ist die Versuchung groß, nochmal zum Drechseleisen zu greifen. Doch die kleinen Korund-Körnchen aus dem Schleifpapier machen das Werkzeug schnell stumpf. Die Teilchen lösen sich vom Papier und setzen sich in die Holzporen. Deswegen sollte der letzte Arbeitsgang beim Drechseln stets das Schleifen sein.

Flexibles Papier schleift besser

Schleifpapier sollte in der Werkstatt stets ein trockenes Plätzchen haben. Wird es allerdings zu trocken, kann es steif werden. Vor dem Einsatz am Werkstück ist es daher sinnvoll, das Papier im Ganzen mit der unbeschichteten Seite flach über eine Kante zu ziehen. Dann kann es wieder ganz geschmeidig zurück an die Drechselbank gehen.

Feuer aus der Wurzel

Eine hervorragende Möglichkeit Holzstruktur anzufeuern ist der Einsatz von entsprechenden Ölen. Der gut sortierte Fachhandel hält jedoch auch noch anderes bereit. Alkana-Wurzel heißt das Zauberwort. Diese Plättchen sind ganz einfach in Sonnenblumenöl einzulegen und nach drei Wochen zu filtern. Zurück bleibt eine feuerrote Flüssigkeit, die bei geeigneten Hölzern wahre Wunder vollbringt.

Poliereffekt verfliegt wieder

Gedrechselte Werkstücke mit Spänen auf der Drechselbank zu polieren war früher eine weit verbreitete und beliebte Methode. Allerdings werden bei dieser Art der Oberflächenveredlung lediglich die Holzfasern ineinander gedrückt und richten sich nach einiger Zeit von alleine wieder auf. Das Werkstück wird wieder stumpf und die Oberfläche verliert an Glanz. Soll das Werkstück dauerhaft glänzen, ist eine Oberflächenbehandlung mit Wachs oder Lack erforderlich.

Sorry, liebe Bienen

Wachs ist ein feines Oberflächenprodukt. Besser als das bei Körpertemperatur schmelzende Bienenwachs ist für die meisten Anwendungen aber Carnaubawachs. Der Blatt-Auszug aus einer brasilianischen Palme schmilzt erst bei etwa 80 Grad Celsius und löst sich auch im Hochsommer und bei längerem Körperkontakt nicht an. Carnauba ist außerdem das härteste aller natürlichen Wachse.

Zweites Leben für's Schleifpapier

Weiche Hölzer wie Linde, Pappel oder Birke neigen dazu, mit ihrem Staub Schleifpapier zuzusetzen: Es wird unbrauchbar, obwohl es eigentlich nicht stumpf ist. Vor allem gröbere Körnungen lassen sich gut reaktivieren, indem sie mit einer Kunstfaserbürste gereinigt werden. Auf diesem Wege werden die Holzfaserreste zwischen den an sich noch scharfen Körnern entfernt. Die finden so wieder den ganz direkten Weg ans Holz.

Schleifpapier statt Meißel

Geübte Drechsler setzen stets den Meißel ein, um gerade Partien im Langholz herzustellen. Doch das erfordert sehr viel Übung. Gelegenheitsdrechsler können auch so ohne tagelange Trainingseinheiten zu sauberen Zylindern kommen: Man nehme ein gerades Kantholz und befestige eine große Partie 120er Schleifpapier darauf (später feiner werdend). Kleine Unebenheiten von der Röhrenarbeit zuvor verschwinden schnell. Nicht die feine handwerkliche Art, aber es funktioniert.

Schleifpapierhalter für die Drechselbank

Beim Drechseln ist das Schleifen von Bohrungen und Innenwandungen kniffelig und zeitraubend. Dieser Arbeitsgang kann mit selbstgebauten Schleifpapierhaltern optimiert werden. Zunächst wird ein 20-mm-Buche-Rundstab auf 50 Millimeter abgelängt. Eine zentrische 7-mm-Bohrung wird 35 Millimeter tief in ein Ende eingebohrt.
Schrauben Sie dann eine M8 x 70 Schlossschraube in die Bohrung ein und sägen Sie den Schraubenkopf ab. Nun wird der Metallschaft in die Drechselbank aufgespannt und auf den gewünschten Durchmesser von zum Beispiel 15 Millimetern gedreht. Im nächsten Schritt schlitzen Sie den Zylinder mit der Handsäge zwei Millimeter ein, damit die Kante des Schleifmittels Halt findet. Das Schleifleinen wird nun entgegen der Drehrichtung der Drechselachse eingespannt und mit einem O-Ring gesichert. Der Schleifpapierhalter kann nun auf der Drechselbank, mit der Bohrmaschine oder von Hand eingesetzt werden. Besonders zeitsparend ist es, wenn Sie für jede verwendete Körnung einen Schleifpapierhalter herstellen.

Tipps und Tricks

Hölzerne Klobürste zweckentfremdet

Polieren statt Putzen

Geölte und gewachste Dosen poliert man am besten mit Bürsten. Während dies an der Außenseite einer Dose keine Schwierigkeiten bereitet, kommt man sehr oft mit der sperrigen Bürste nicht in das Innere des Hohlkörpers. Auf Krämermärkten und in guten Haushaltswarengeschäften findet man oft für günstiges Geld Klobürsten mit Naturborsten im Holzstiel. Diesen Holzstiel können wir an der Drechselbank in ein Drechselfutter einspannen und auf rund zwölf Millimeter Durchmesser drechseln. Anschließend wird er noch ein wenig kürzer gesägt und passt perfekt in das Bohrfutter der Bohrmaschine: Fertig ist eine kräftige Bürste für kleines Geld, die in engen Dosen oder auch Vasen sehr gute Dienste leistet.

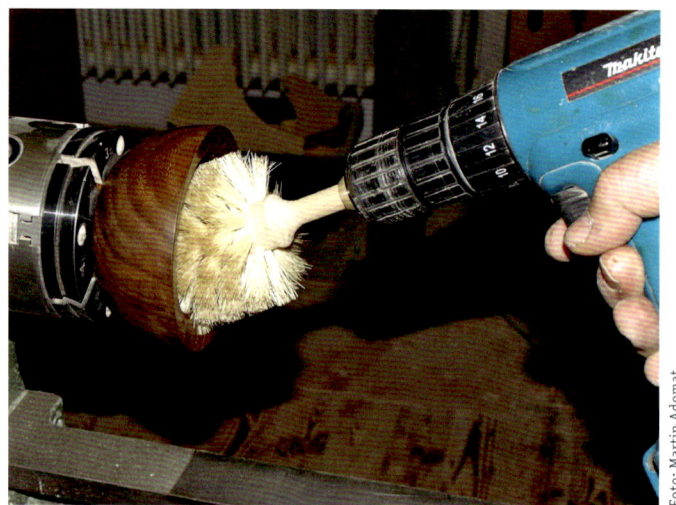

Sieht gewöhnungsbedürftig aus, löst aber das Polierproblem in kleinen Dosen perfekt: eine umfunktionierte Klo-Bürste.

Schleifen mit dem richtigen Dreh

Wer kennt das nicht? Das letzte Eisen ist weggelegt, aber die Innenseite einer gedrechselten flachen Schale oder eines Tellers ist noch etwas rau an der Oberfläche. Oder die Wandstärke ist schon so gering, dass beim letzten Schnitt der Waschbretteffekt eingesetzt hat. Jetzt muss mühselig die Oberfläche geschliffen werden. Das ist eine zeitaufwändige Arbeit und der Schleifmittelverbrauch ist erheblich.

Abhilfe schafft in dieser Situation ein kleiner und kostengünstiger Helfer, den wohl fast jeder Anbieter für Drechselwerkzeug und Zubehör im Programm hat. Der Helfer besteht aus einem Eisenrundstab mit Gewinde, auf dem ein Schleifteller aus flexiblem Kunststoff aufgeschraubt ist. Auf dem Schaumstoff klebt ein Klettbelag, der dann Schleifpapier der verschiedensten Körnungen sicher hält. Der Schaft des kleinen Schleifaufsatzes passt in eine Bohrmaschine. An das rotierende Werkstück gehalten, trägt er das Holz sehr gut ab und die Schale ist im Nu sauber und plan geschliffen.

Probleme bereiten allerdings tiefe, zum Teil hinterschnittene Gefäße und Vasen, da deren Innenseiten für die Bohrmaschine nicht zugänglich sind. Dafür gibt es ebenfalls im Werkzeughandel Rotationsschleifer. Das sind Handgriffe, an deren Front sich ein Gelenk mit einem Kugellager befindet. Dahinein kommt der Schleifkopf.

Am rotierenden Werkstück beginnt sich der Schleifkopf selbständig zu drehen, und der Innenraum des Gefäßes kann ebenfalls sauber geschliffen werden. Ein kleiner Wehrmutstropfen ist allerdings dabei: Am Werkstück wird man im Gegenlicht kreisförmige Schleifspuren entdecken. Diese müssen auf der Drehbank nochmals von Hand mit Schleifpapier bis zur gewünschten Endkörnung nachgeschliffen werden.

Öl unter das Wachs

Wer auf seinem Werkstück eine dauerhafte gewachste Oberfläche bevorzugt, sollte dieses vor dem Wachsauftrag prinzipiell mit Hartöl (kein Salatöl oder dergleichen) grundieren. Da das Wachs lediglich auf der Holzoberfläche liegt, wird sie in aller Regel sehr schnell wieder stumpf und muss nachbehandelt werden. Mit einer Grundierung aus Naturharzölen wird der Untergrund für die Wachsschicht abgesperrt und verfestigt. So bleibt der Wachsglanz länger frisch.

Finishing

Schwabbeln oder bürsten beim Polieren?

Geölte und gewachste Werkstücke werden nach dem Aushärten meist aufpoliert. Doch welches Werkzeug ist besser: Bürste oder Schwabbelscheibe? Bei grobporigen Hölzern wie etwa Eiche befreit eine Bürste die Poren von überschüssigem Öl oder Wachs am besten. Da die Fasern der Schwabbelscheibe wesentlich feiner als die der Bürste sind, wird die Oberfläche von feinporigen Hölzern (etwa Ahorn) glatter und hochglänzend.

Acrylglanz auf die Spitze treiben

Gedrechselte Stifte aus Acryl kommen zunehmend in Mode. Ihre schöne bunte Oberfläche erhalten sie natürlich nur durch einen perfekten Schliff. Je akribischer und feiner er ausgeführt wird, desto brillanter glänzt der Stift. Für den absoluten High-End-Hochglanz eignet sich hervorragend eine gute Autopolitur, am besten eine mit pflegenden Wachsen wie zum Beispiel Karnaubawachs.

Gedrechseltes Nassholz: So verhindern Sie Flecken

Gedrechseltes schlagfrisches Holz, vornehmlich das von Eiche, Erle oder Esche, neigt beim Trocknen zur Fleckenbildung. Diese wolkenförmigen Flecken mit scharfen Rändern entstehen durch aus dem frischen Holz austretende Holzsäfte. Sie reagieren mit dem Sauerstoff (Oxidation) und trocknen farbig ein. Wenn Sie das fertig gedrechselte Werkstück 12 bis 24 Stunden im klaren Wasser lagern und es danach mit Papier- oder Stofftüchern abtrocknen, können Sie die Fleckenbildung verhindern.

Amaranth und Co. färben durch Aufreiben

Gedrechselte Werkstücke können durch farbig gestaltete Bänder aufgepeppt werden. Kleine Klötze aus zum Beispiel Ebenholz, Palisander, Amaranth, Padouk werden bei rotierender Maschine auf das Werkstück gedrückt. Dabei reibt es feinste Partikel der farbigen Hölzer auf das Werkstück und diese werden sozusagen eingebrannt. Dies funktioniert auf trockenem, wie auf nassem Holz. Farbversuche vorab sind ratsam.

Löschkalk lässt Eiche alt aussehen

Eiche kann man nicht nur mit Salmiak, sondern auch mit so genanntem Sumpfkalk auf alt trimmen. Dazu wird Sumpfkalk (gelöschter Kalk), stark mit Wasser verdünnt, auf das Werkstück aufgetragen. Die basische Flüssigkeit färbt das Holz in einem natürlich gealtert wirkenden Braunton. Bei der Arbeit Schutzbrille und Handschuhe tragen da die Haut stark angegriffen wird und dauerhaft braun gefärbt wird.

Gold lenkt ab von Rissen im Holz

Weisen Hölzer Risse auf, ist der Ärger meist groß. Es gibt aber Arten wie Jarrahmaser (Roter Eukalyptus) oder einige Wurzelhölzer, die fast immer Rissbildungen aufweisen. Besonders schön kann man diese natürlichen Risse mit einer kontrastreichen Einlage aus Blattgold verzieren. Blattgold (echt oder Imitat) und die entsprechenden Kleber sind über die meisten gut sortierten Schreibwarenhändler zu beziehen.

Tipps und Tricks

Index

A

Abstechen	18
Abtastlehre	18
Alabaster	10, 12
Alkana-Wurzel	80
Alterung simulieren	83
Äste	12, 42, 53, 69
Aufbewahrung	21
Aufhängevorrichtung	24, 36

B

Baumkante	13
Beizen	76
Bernstein	12
Bleichen	61, 76
Blindholz fixieren	43
Bohren	22, 48, 49, 60
Bohrer	34
Bohrfutter	29

C

Corian	10
Cyanacrylat	65, 78

D

Details schleifen	79
Dosendeckel	49, 53
Drahtbürste	46, 62
Drahtbürsten	32, 45
Drechselbank	16, 20, 24, 26, 27, 30, 36
Drechselfehler	54, 63
Drechselfutter	30, 33, 36, 51
Drehzahl	28, 59
Drehzahlmesser Eigenbau	25
Durchmesser	56

E

Einspannen	17, 19, 20, 22, 24, 27, 33, 38, 39, 42, 47, 51, 52, 53, 56, 58, 59, 60
Exzenterfutter	59
Exzentrisches Drehen	34

F

Färben	41, 76, 83
Fäulnis	8
flatterfrei drechseln	43, 44
Flecken verhindern	83
Formröhre	34

G

gefangene Ringe	44, 66
Gitterkugel	50
Gold	83
Griffe	21, 30, 38, 42, 57

H

Handauflagen	16
Hartholz	8
Hohlkehlen formen	61
Holzfehler	50, 75, 76
Holzflecken	67
Holzschutz	76, 77
Holzwurm	12
Horn	10

K

Karnaubawachs	80, 83
Kleinteile	66, 69
Knochen	10
konisches Innenmaß	57
Korallen	12
Korkenziehergriff	57
Körner-Schaden	75
Körnung	74
Kreisel	38
Kugel	49, 50, 51, 61, 68, 70, 72
Kugelfutter	51, 61

L

Lackierung	78
Langholz	8, 62, 69, 81
Laubholz	8
Löffelbohrer	40

M

Markieren	38
Meißel	49
Messen	16
Messing	12
Messlehre Eigenbau	25, 26
Messschieber	16, 26
Messtaster	26
Mittelpunkt finden	40, 45, 64
Möbelknöpfe	35, 48, 54
morsches Hoz	13
Muscheln	12

Index

N

Nadelholz	8
Naturrand	52, 58
Nürnberger	34
Nutenstecher	60
Nylonbürste	62

O

Öl	79, 80, 82

P

Pech	77
Perlmutt	12
Pilzbefall	9, 11
Pilze drechseln	67
Planscheibe	29, 30, 31
Polieren	79, 80, 82, 83

Q

Querholz	11, 34, 49, 54, 62

R

Räuchern	76
Reitstock	17, 31
Rillen färben	69
Risse	13, 58, 77, 83
Rohlinge schneiden	46
Rost	30, 67

S

Schaber	65
Schalen	9, 62, 65, 66, 67
Schalenstechen	22
Schärfen	18, 19, 25, 26, 28, 36
Schimmel	8, 11
Schleifen	33, 35, 66, 72, 74, 75, 77, 78, 79, 80, 81, 82
Schleifgitter	74
Schleifpapier	74, 80, 81, 82
Schleifvlies	66
Schmeichler	72
Schneidenschutz	29
Schruppen	51, 57, 58
Schwerpunkt	55
Sekundenkleber	65, 78
Serienfertigung	48
Serpentin	10, 12
Sicherheit	35, 58, 64, 78, 79
Spannzange	27
Spannzange aus Holz	28
Speckstein	10, 12
Spritzschutz	16, 23
Stahl	35
Staub	46
Stein	10
Stifte-Rohlinge	22, 63
stockiges Holz	13
Stockiges Holz	9
Streichmaß	32
strukturierte Oberflächen	32, 45, 46, 62

T

Tassenstahl	30
Tiefe	48, 52, 66, 67
Tiefenstopp	42, 60
Trocknung	9, 13, 21, 39, 55, 68, 75

U

Unwucht	69

V

Vaseneinsatz	41
Verleimen	68
Verzug	13

W

Wachs	75, 80, 82
Weichholz	8
Werkstück im Stamm	11
Werkzeugablage	23
Werkzeugauflage	20
Werkzeugform	69

Z

Zapfen zu dünn	54

Schon fertig?

Hier finden Sie mehr übers Drechseln und weitere interessante

Mark Baker
Wochenend-Projekte für Drechsler

25 Ideen zum Lernen und Verschenken

Die 25 Projekte sind jeweils in wenigen Stunden vollendet. Da sie im Schwierigkeitsgrad ansteigen, lassen sich damit die eigenen Fähigkeiten stetig verbessern. Ob Wanduhren, Nudelhölzer, Vasen, Löffel oder Dosen – die Objekte eignen sich perfekt zum Erlernen der Schlüsseltechniken und sind zugleich tolle Geschenke.

192 Seiten, 21 x 28 cm, zahlreiche farbige Fotos und Zeichnungen, gebunden

Best.-Nr. 9173
ISBN 978-3-86630-712-4

Steinert
Enzyklopädie Drechseln

Werkzeuge, Maschinen, Techniken in über 800 Begriffen umfassend definiert!

Drechseln von A bis Z – alles zum ältesten Handwerk der Welt!

Ob Technik, Geschichte, Handhabung, Oberfläche, Gestaltung oder Zubehör: Dieses Buch beantwortet jede Frage zum Thema Drechseln. Durch zahlreiche Querverweise ist das Buch auch zur fortgesetzten Lektüre geeignet. Beginnend bei der Ablaufsicherung lässt dieses Werk bis zur Zylinderschleifmaschine nichts aus. Dabei erhalten Experten und Einsteiger gleichermaßen schnell und konkret Auskunft bei akuten Fragestellungen.

336 Seiten, zahlreiche Zeichnungen und Fotos, 17 x 24 cm, gebunden mit Lesebändchen

Best.-Nr. 20035
ISBN 978-3-86630-063-7
E-Book ✔

Michael O'Donnell
Drechseltechniken

Der umfassende Leitfaden für Drechsler jeder Erfahrungsstufe. In logischer und strukturierter, reichhaltig bebilderter Abfolge behandelt der Autor die Auswahl von Material und Werkzeug, die Entwicklung von Arbeitstechniken und die Durchführung von Drechselprojekten. Der Schwerpunkt liegt auf den Drechseltechniken: Mit welchem Werkzeug und welcher Haltung am Holz erzeuge ich welche Form? Dies wird insbesondere in instruktiven Detailzeichnungen dargestellt.

192 Seiten, 20,7 x 27,4 cm, 496 farbige Fotos und Zeichnungen, gebunden

Best.-Nr. 9148
ISBN 978-3-86630-939-5

Helga Becker
Dosen drechseln

In diesem Buch zeigt Helga Becker, welchen Formenreichtum und welche Eleganz man einem so traditionellen Handwerk wie dem Drechseln entlocken kann. Alle Projekte sind Schritt für Schritt in Fotos festgehalten und werden ausführlich erläutert. So ist das Nacharbeiten kein Problem. Ergänzt wird das Buch von einem Galerieteil sowie Abschnitten über Werkstatt-Ausstattung, Arbeitssicherheit, Gestaltung etc.

196 Seiten, 23,5 x 26 cm, 615 farbige Fotografien von Richard Becker, gebunden

Best.-Nr. 9151
ISBN 978-3-86630-943-2

Fritz Spannagel
Das Drechslerwerk
(1948)

Die Grundlagen des Drechselns sind nirgends gründlicher dargestellt als bei Spannagel. Das bekannte Standardwerk für Drechsler, Werklehrer, Innenarchitekten, Schreiner und die vielen Hobby-Drechsler wurde wegen der großen Nachfrage wieder von uns herausgegeben. Seinem Alter zum Trotz immer noch das maßgebliche Kompendium zum Drechseln.

320 Seiten, 22 x 29,7 cm, 1258 Abbildungen, gebunden

Best.-Nr. 1213
ISBN 978-3-86630-937-1

Informationen – in Büchern von *HolzWerken*

Alan & Gill Bridgewater
Traditionelles Holzspielzeug drechseln

Eine praxisnahe Einführung in das Drechseln von traditionellem Holzspielzeug. Alan und Gill Bridgewater bieten hier detaillierte Anleitungen für Spielzeuge aus verschiedenen Teilen der Erde. Speziell aus der deutschen Tradition kommen dabei der Nussknacker und andere Spielzeuge aus dem Erzgebirge. Die 15 Projekte sind mit zahlreichen Zeichnungen und Fotografien sowie hervorragenden Erläuterungen versehen.

128 Seiten, 20 x 25,3 cm, 225 s/w-Abbildungen und 8 Farbtafeln, fadengeheftete Broschur

Best.-Nr. 9221
ISBN 978-3-87870-589-5

Richard Raffan
Drechseln
Maschinen – Werkzeuge – Techniken

Alles, was man über das Drechseln wissen muss!

Dieses Buch ist die weltweit vielleicht renommierteste Einführung in die Kunst des Drechselns. Von der Einrichtung der Drechselbank über die notwendigen Werkzeuge und deren Handhabung bis hin zur Auswahl des richtigen Holzes beschreibt der Autor jedes Detail! Ein Kapitel über die Oberflächenbehandlung rundet das Buch ab.

2. Auflage, 256 Seiten, 23,1 x 27,2 cm, über 850 farbige Fotos und Zeichnungen, gebunden

Best.-Nr. 9163
ISBN 978-3-86630-965-4
E-Book ✔

Kip Christensen
Rex Burningham
Stifte drechseln

Das Buch bietet Anleitungen für Füller, Drehbleistifte und Kugelschreiber. Diskutiert werden die nötige Ausstattung und die vielfältigen Materialien. Auch Alternativen zu Holz als Gehäusematerial ist ein Thema, die Verarbeitung der verschiedenen Metallteile wird ausführlich dargestellt. Zahlreiche Fotografien führen durch die einzelnen Arbeitsschritte. Das Kapitel Tipps und Tricks gibt nochmals viele praktische Hinweise. Ein Galerieteil zeigt zahlreiche Stifte und gibt Anregungen für eigene Objekte.

166 Seiten, 21 x 27,5 cm, 352 farbige Abbildungen, gebunden

Best.-Nr. 9145
ISBN 978-3-86630-930-2

Michael O'Donnell
Grünholz drechseln
Anleitungen und Beispiele, inklusive DVD!

Das beliebte Buch in einer Neuauflage als Kombi-Band inklusive der DVD! Der schottische Meisterdrechsler Michael O' Donnell beleuchtet in diesem Buch die natürlichen und technischen Aspekte der hohen Kunst des Grünholzdrechselns.

Anschließend folgen Anleitungen zu sechs atemberaubenden Gefäßen mit hauchdünnen, lichtdurchlässigen Wandungen.

132 Seiten, inkl. DVD mit ca. 80 Minuten Spielzeit, 21 x 27,5 cm, 324 überwiegend farbige Abbildungen, gebunden

Best.-Nr. 9181
ISBN 978-3-86630-723-0

Richard Raffan
Spielzeug drechseln
Klassische und moderne Geschenkideen aus Ihrer Werkstatt

Stapelmenschen, Rennwagen oder Zauberstab – dieses Buch bietet vielfältige Projekte für Kinderspielzeuge. Detaillierte Anleitungen und Abbildungen erklären die Vorgehensweise. Grundlegendes beim Trocknen, Vorbereiten und Behandeln des Holzes wird vermittelt und wie man potenzielle Probleme beim Drechseln vermeiden kann.

192 Seiten, 21 x 28 cm, zahlreiche farbige Fotos und Zeichnungen, gebunden

Best.-Nr. 9172
ISBN 978-3-86630-710-0
E-Book ✔

Bestellen Sie über 80 weitere Titel versandkostenfrei*
T +49 (0)511 9910-033
www.holzwerken.net/shop
* innerhalb Deutschlands

HolzWerken
Wissen. Planen. Machen.

Das Magazin für den Holzwerker:

HolzWerken
Wissen. Planen. Machen.

Lust auf mehr *HolzWerken*?

7 Ausgaben im Jahr – auch als

Kombi-Abo Print + Digital!

Lesen Sie auf 64 Seiten, was in der Werkstatt hilft – von Grundlagen bis zu fortgeschrittenem Handwerk mit Holz:

- Anleitungen und Pläne zum Bau von Möbeln und Vorrichtungen
- Werkzeug-, Maschinen- und Materialkunde
- Tipps und Tricks von erfahrenen Praktikern
- Reportagen aus den Werkstätten kreativer Holzwerker
- Veranstaltungstermine und Produktneuheiten

Jetzt bestellen!

T +49 (0)511 9910-025

www.holzwerken.net

Alles drin für Ihre Werkstatt!

Das Beste aus der Zeitschrift *HolzWerken*

HolzWerken – Die besten Drechselprojekte

Vom Kreisel bis zur Manta-Dose – 18 Projekte von einfach bis exzentrisch

Ob Spielzeuge, Geschenke oder Gebrauchsgegenstände – hier findet jeder interessante Drechselobjekte, egal ob Anfänger oder Fortgeschrittene. Neben verschiedenen Schalen und Dosen gibt es Klassiker wie die ganz runde Kugel, Pfeffermühle oder Schreibgeräte, aber auch Ungewöhnliches, wie Flaschenverschlüsse oder Christbaumkugeln.

104 Seiten, DIN A4, kart.
Best.-Nr. 9167
ISBN 978-3-86630-986-9

E-Book ✓ Leseprobe ✓
🌐 vinc.li/9167

Vincentz Network GmbH & Co. KG · HolzWerken · Plathnerstr. 4c · 30175 Hannover · Deutschland